いまこそ

税と社会保障の

井手英策 Ide Eisaku
慶應義塾大学経済学部教授

東洋経済新報社

話をしよう！

はじめに

希望と正反対の場所にいるのが絶望だ。でも、日本社会の希望を語る本書のはじまりとして、悲しみの告白ほどふさわしいものはない、と僕は思っている。

一生忘れられない日になるだろう。2019年5月21日、僕は家族とともにアメリカのサンタバーバラにいた。

その日の夜、突然、連れあいが血相を変えて僕の部屋に飛びこんできた。そして、英策さんの実家が火事にあった、母は危篤、叔母はすでに亡くなったと悲鳴をあげた。

次の日、母もまた、あっけなく還らぬ人となった。享年87歳と84歳。一時帰国の途につき、喪主としての務めだけはなんとか果たしたが、あまりにも突然のできごとにただ呆然とするしかなかった。

本書はそんな自失のさなかにまとめられた「希望の対話集」である。

これから僕の講演、仲間たちとの議論がスタートする。家族の話がたびたび出てくるし、なかには故人の名誉にかかわるものもある。これらを文字として残すべきか否か、いやそれ以前にこれを本として出すべきか否か、しばらく自問の日々がつづいた。

でも、いくら考えても、家族の物語なしに僕の思いをみなさんに伝えることはできそうもない、と思った。自分自身の生い立ちや、自分自身を形づくるものすべてに触れることなく、この本にこめられた思いを伝えることは不可能だと思った。

僕は母佐和子が40歳のときの子だ。シングルマザーでの出産をためらっていた母の背中を押したのは、妹の叔母典子だった。

「姉ちゃん、貧乏してもよかやんね。ボロば着てもよかやんね。うちも手伝うけん、子どもば産まんね。偉うなれんでも、立派に育ったら、誰も姉ちゃんば笑わんくさ」

あんたが生まれることが決まった瞬間たい——大学生だった当時の僕に、めずらしく神妙な面持ちで母は語った。振りかえってみれば、この世に生を受けた瞬間に、僕の生きかたは方向づけられていたのかもしれない。

三人でのくらしはお世辞にも豊かとは言えなかった。小さな借家住まいだったし、水洗トイレを使うようになったのもずっと大きくなってからだった。だけど、二人は「英策が恥ばかかんごと」と言って、国立の小学校に入れてくれ、ランドセルも、そろばんも、リコーダーも、クラスの誰よりもいいものを買ってくれた。

経済的には叔母が朝から晩まで働いて支えてくれた。母は、子育てはもちろん、食事、掃除、洗濯、すべての家事を引きとっていた。二人は僕の育ちをめぐって、よく口論をした。女どうしだったけど、「昭和の夫婦」のような二人だった。


僕が小学校4年生のときのことだ。子育てがひと段落した母は、同名の有吉佐和子の小説にちなんで、「紀ノ川」というスナックをはじめた。

母がとつぜん消えた。叔母の帰りも遅かった。変化についていけなかった僕は、まばたきが激しくなり、全身に「世界地図」のようなじんましんが出るようになった。

きっと責任を感じたのだろう。母は僕を店に連れていくようになった。カウンターで勉強し、ごほうびのジュースを飲み、カラオケを歌う。夜の21時くらいに叔母が自転車で迎えにきて、家に連れて帰ってもらう。これが僕の日課となった。

紀ノ川は本当に小さな店だった。でも、僕の学びの原点だった。

酔っ払った客が、店の女の子にさもしい痴漢のようなまねをしたことがあった。母は客を追いだし、店を閉め、僕をロイヤルホストに連れていってくれた。客商売のなかでも、母はつねに母であろうとしていた。

僕のことをわが子のようにかわいがってくれるホステスさんがいた。まだ若かったのに飲み過ぎで倒れ、意識がもどらなくなってしまった。僕たちは病院で彼女の手を握りしめ、何度も、何度も名前を呼んだ。でも、彼女はひとりさみしく旅立っていった。

いつも話しかけてくれるやさしくて大好きなお姉さんもいた。その彼女が、お客さんがトイレに立った瞬間、別人のような、憎しみに満ちた表情を浮かべたことがあった。あのときほど、相手の男性をうらめしく、憎々しく思ったことはなかった。

シングルマザーの母、働く女性の叔母、戦時中の勤労奉仕で腕をうしない、障がいをかかえつつも、くらしを応援してくれていた叔父……僕の家族はかなり風変わりだった。紀ノ川に行ったら行ったで、女性蔑視、アルコール障がい、孤独死、さまざまなできごとがさも当たり前のように起きた。

これらはすべて「社会問題」と呼ばれるものに属する。でも、それらは僕にとって問題でもなんでもなかった。すべてが日常だった。そして、繰りかえされる日々のなかで、理不尽さへの違和感、理屈をこえた感情みたいなものが心に積もっていった。

学びには代償がつきものだ。

みなさんも薄々気づいているかもしれない。そう、子どものいるスナックを喜ぶ客なんているはずがない。紀ノ川の経営は、バブルのさなかだったにもかかわらず、急速にかたむいていった。そして気づいたときには、ばく大な借金が積みあがっていた。

借金問題と向きあったのは、日本社会の転換点でもある1998年、僕が博士課程2年生のときだった。下宿先にもどると留守電に23件のメッセージが残っていておどろいた。そして22件目にあったのは母の悲鳴、さけび声だった。

取るものもとりあえず、久留米にある実家に帰った。当時、研究と同じくらい情熱を注いでいたのはロックだった。下北沢の「屋根裏」という「ハコ」でよくライブをやったが、そこにはミッシェル・ガン・エレファントというバンドのシンバルが飾ってあった。僕のあこがれのバンドだった。

絶望の淵であえぐ母と叔母に会い、ことのしだいを聞かされた。途方にくれ、あてもなくさまよった僕がたどり着いたのはバッティングセンターだった。しばらくするとミッシェル・ガンの曲が流れてきた。「世界の終わり」――学者はもうムリだなと思った。

幸いなことに、母の友人が僕にお金を貸してくれ、学問への道はかろうじてつながった。とはいえ、奨学金でやりくりをし、バイトにバイトを重ねてお金をかえす日々だった。明日が見えず、不安で、ときには友人宅に転がりこみ、朝から安酒をだいぶ飲んだ。

悲しみと不安は人間を忘却のかなたへといざなう。当時の記憶は、僕の脳裏からほぼ消えている。だけど、おそらくは緊張で命をすり減らすような、壮絶な毎日だったと思う。

二人が亡くなったいま、ぼんやりと思うことがある。

もし、母が僕を店に呼ばずにうまく商売をやっていたとしたら、あのしんどかった大学院時代はなかったんじゃないだろうか。もしお金や時間に余裕があれば、もっとたくさんの本を読み、海外で学位を取り、いまとはちがった世界を見れたんじゃないだろうか。

ではどちらがよかったのか。僕は迷うことなく答えるだろう。いまだ、と。

僕から片時も目をはなすことなく、惜しみなく愛を注いでくれた母と叔母がいたからこそ、僕は二人の借金を引きとろうと思えた。学者をあきらめようと思えた。おさなき日の記憶があったからこそ、いまの僕がいる、そう思うからだ。

二人が金もうけを優先させていたなら、僕はもっと深く、愉しく研究することができただろう。だが反対に、さみしさにもだえ、二人をうらんだことだろう。社会を説明することではなく、理屈の正しさだけを追い求める、そんな学者になっていたことだろう。考えただけでもゾッとする。

紀ノ川で出会ったすべての人たちは、みな生きることに必死だった。誰もが何かに苦しんでいた。ときにはお客さんのボトルに手をつけたり、飲み過ぎてヘベレケになったりするお店の子もいた。けれど、それでもみな、ささやかな幸せを全力で追いかけていた。

この愛すべき人たちのなかにこそ、僕のいだく人間像の原風景がある。

嘘をつく人もいた。陰口をたたいた客に愛想笑いを振りまく要領のいい人もいた。決して尊敬すべき人たちばかりではなかったが、みなが「英ちゃん、英ちゃん」と僕をかまい、僕の幸せを願ってくれた。

そんな環境で育った僕にとって、「誰が幸せになるべきか」という問いほど答えに困るものはない。僕にできたこと、そしてこれからの僕にできること、それはみんなの幸せ、すべての人たちのおだやかな毎日を願うことだけだ。

覚えておいてほしい。

救済する人間を選ばず、すべての人の幸福を考える、これがこの本を貫くモチーフだ。

そして、この思想の原点を作ってくれたのは、まぎれもなくおさなきころの記憶だった。

多くの時間とお金を失ったけれども、僕には人間への希望が残った。誰かを助けるという「道徳」や「正義」ではない。すべての人が幸せになるために知恵を使う「心」、それが母と叔母が僕に残してくれた大切な財産だった。


僕には父ちがいの兄姉がいる。大学院生のころから亡くなるその瞬間まで、僕は毎月欠かさず母と叔母に仕送りを続けてきた。しかし、二人と同居し、そのくらしをずっと支えてくれていたのは岡田樹里、良秀の姉夫婦だった。二人は火事の被害者でもあった。

一時帰国したとき、姉から二人が亡くなったさまを聞かされた。

晩年の母はすっかり耳が遠くなり、言葉もまったく出なくなっていた。足も不自由で、歩くのもままならない状況だった。そんな母を炎はおそった。

叔母は最期の最期まで母を助けようと、体を引きずっていた。そして、母と向きあい、そのまま仰向けにたおれて亡くなっていた。そのおかげだろう。母は生涯の戦場であったキッチンに寄りかかるようにして亡くなっていた。死因は一酸化炭素中毒。二人とも眠りに落ちたような、とても安らかな死に顔だった。

叔母は逃げようと思えば、逃げられた。でも、戦争をはさんで80年以上も一緒に生きてきた、僕の健やかな育ちをともに願い、ともにまずしさに耐えてきた、そんな姉を見捨てることが叔母にできるはずがなかった。僕には痛いほどそれがわかる。

そう、そこにあったのは、「生き様」であり、「死に様」だった。

考えて欲しい。もし仮に、叔母が母に背を向け、うつ伏せになって亡くなっていたとしたらどうだっただろうか。僕は、自分自身の拠って立つ、すべての大切なものを失ったと思う。家族との思い出、記憶のすべてが、好ましからざる何かに変わったと思う。

叔母は、出産を母にうながし、結婚をあきらめ、まさに自分の人生を賭して、宝物のように大事に僕を育ててくれた。そして、彼女の「生き様」をそのまま映しだしたような「死に様」が最期に残されたのだった。

長年連れだって生きてきた二人にとって、日々の「くらし」は「歴史」そのものだ。そして、その持ちつ持たれつの毎日の延長線上に、ともだって天に召されるという、二人らしい「死に様」があった。人間は生きてきたように死ぬ、生きること、死ぬことは、同じコインの裏表だ、僕は二人にそう知らされた。

幸福で、満足な、あとを継ぐものたちから尊敬される死を願わない人はいないだろう。だけど、裕福な人であれ、まずしい人であれ、価値のある、意味のある「日常」がなければ、その願いは絶対にかなわない。生きるに足る日常を手にできない限り、誰にもおだやかなピリオドなど訪れようはずがない、そう腹の底の底から感じた。

僕はこれまで、いくつかの著作をつうじて、税をつうじたくらしの保障の大切さを訴えてきた。困っている誰かを助けるのではない、すべての人たちが安心して生きていける社会をつくるのだ、おさなきころの記憶が、そう僕に語らしめてきたのだった。

いまこの主張は、理論的にはもちろん、感情的にも確信に変わりつつある。

本書はほとんど面識のなかった人たちとの間で交わされた対話集だ。日本社会のどこに不安のみなもとがあるのか、その不安の源泉を断つために何ができるのかをとことん語りあうなかで、僕たちはリベラルな社会の可能性、糸口を見いだそうとした。その対話を素材に、僕の責任で、全体を再構成してまとめなおされたのがこの本である。

僕はこれから、すべての人間のくらしを徹底的に保障すること、そしてその保障の先になお残るであろう、一人ひとりの生きづらさを解消する方法を語っていく。

内容はきわめて論争的だ。既存の政治への批判もあちこちに含まれている。だがそれらの主張は、かろうじてつながることのできた僕の学者としての知的な成果であるのと同時に、母と叔母が生涯をかけて僕に与えてくれた確信からできている。

僕の思想を踏み台として、二人の教えと読者の知性が交わる場をつくる、こんなにスリリングなことはない。これからみなさんが目にするのは、まずしさや将来不安に苦しみながらも、「私たちの幸福」を願いつづけた人たちの思いを政策というかたちにするために編まれた、「希望の対話集」なのである。

目次

第2講 僕たちの社会は変わってしまった

~大転換する日本経済

【ディスカッション――第2講】

第3講 「頼りあえる社会」は実現できる

〜ちょっといい未来を想像してみる

第4講

「経済の時代」から「プラットフォームの世紀」へ

【ディスカッション――第4講】

第1講

勤労国家・日本

～「働かざる者食うべからず」の自己責任社会

「友だち」との対話という試み

井手　みなさんこんばんは。お仕事もあってお疲れでしょうに、わざわざお越しくださって本当にありがとうございます。今回は急なお願いでした。ですから、まずは、なぜこういう場をもうけようと思ったのか、という告白からはじめねばなりません。

みなさんもご存知のように、僕は学者です。いい給料をもらいながら、理屈やおしゃべりで世のなかに働きかけようとする人間です。目の前にいる誰かを幸せにするために汗をかくのではない。現場で起きていることを知り尽くしているわけでもない。そのくせ、ことあるごとに、理想やあるべき姿をそれらしく語る人間です。

徹底的に考えぬかれて語られる理想は大事です。また学者にしか果たせない社会的な役割もあります。だから僕は学者という職業に誇りを持っています。でも、ひとりの人間の生きかたとしては、後ろめたさみたいなものをずっとかかえてきました。

それには理由があります。「なぜ僕がそれを望ましいと思うのか」をとことん語ることができなかったからです。本や講演は、スペース、時間が限られています。いろんなものを端折って、最小限の言葉でこうだと決めつけなければ、相手に伝わりません。なぜ僕がそう感じるのかという部分をバッサリ落として、わかりやすさを切り売りしないといけなかったのです。

だから、僕が考えてきたこと、いま考えていることを、できるだけ丁寧に、ひざを突きあわせて話してみたいと思っていました。すでに著作のなかで明らかにしたことも、どんな気持ちでそう書いたのかまで含めて、徹底的に語ってみたかったのです。

あきらめなければ願いはかなうものです。はじまりはほとんど愚痴でした。でも、僕の告白に東洋経済のみなさんが二つ返事で応えてくださいました。はじめは百人規模でいくかという勇ましい話もありました。でもそうすると、一人ひとりのみなさんと話すことができなくなります。それでは本末転倒です。かと言って、和気あいあいとおしゃべりしてもまったく緊張感が出ません。

そこで思いついたわけです。フェイスブックでつながっている「友だち」とやってみたらどうだろう、と。ほとんど面識はないけど、他人ではない、「批判」はされるけど、「非難」ではない、そんな人たちに声をかけてみたらどうか、と。だから、きょう来てくださっているのは、多くても数回、下手したら初対面というみなさんです。

このような機会はもう二度とないでしょう。まさに一期一会。ですから、もしわからないことがあったら話を止めてください。これから20年かけて考えてきたことのエッセンスを全力で伝えます。こちらは当然と思ってても、当然じゃないこともたくさんあるでしょう。みなさんがわからなければ、ほとんどの人がわからないと思いますし、なによりみなさんの批判は僕の議論をより頑健にしてくれます。遠慮はむしろ迷惑です。

まずしくなるのに働く女性

さあ、はじめましょう。今回のテーマは「勤労」です。

まずは母子世帯のデータを取っかかりにします。母子世帯のお母さんが働く割合は、統計的には81・8%と言われています。これは厚労省のデータです。

OECDの国際比較データがあります。でも、このデータのなかに日本は入っていません。直前までは入っていたのに消えてしまいました。古いデータでは調査した国のなかで日本が一番高かったにもかかわらず、です。

しかたないので、OECDの最新データをさきの国内データと比べてみます。すると、スイスとルクセンブルクの次ぐらいになります。いずれにせよ、先進国のなかで、母子家

図1-1　ひとり親および子ども一人以上世帯の貧困率

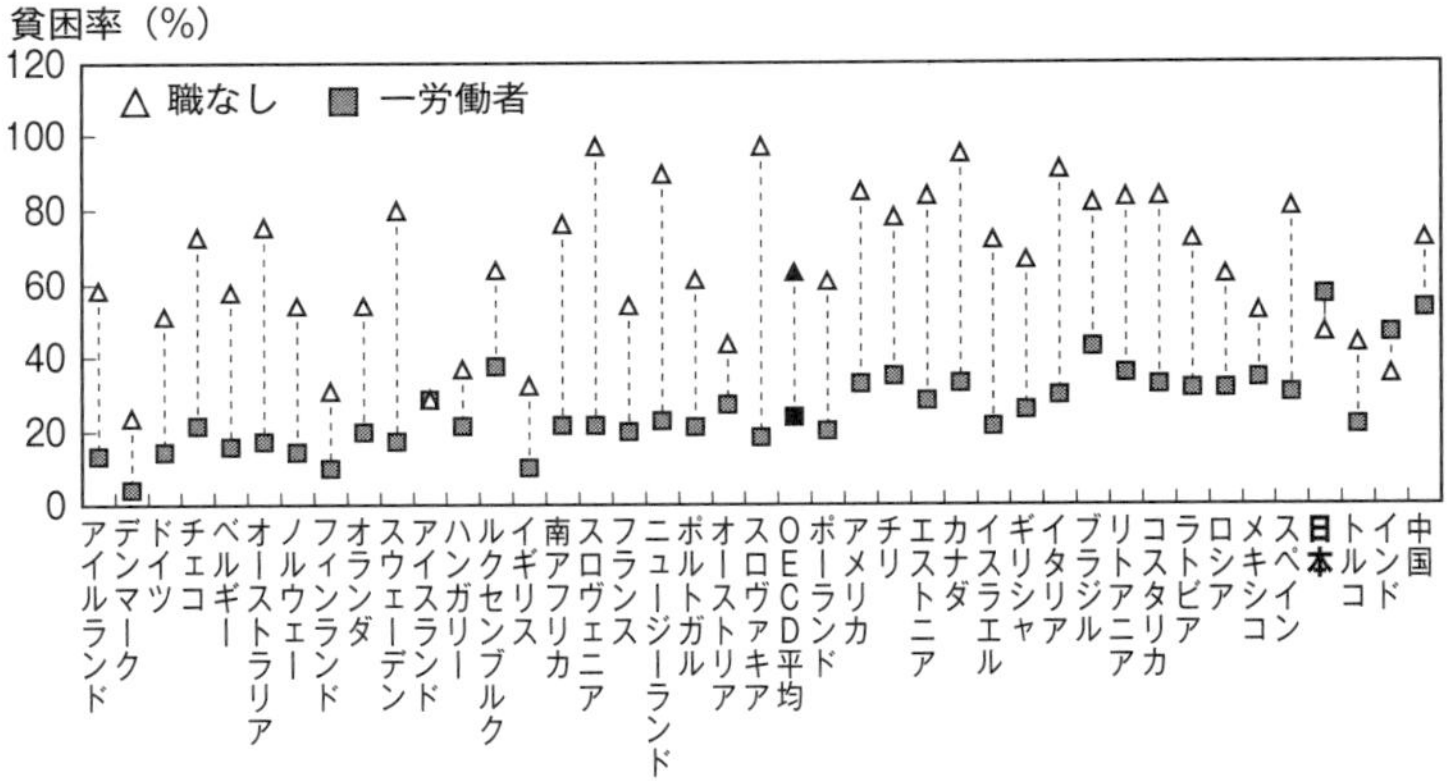

出所：OECD, Family Database

庭のお母さんが働く割合は相当高いと言っていいでしょう。日本の女性の勤勉さがよくわかると思います。

ところが衝撃の事実があります。図1-1を見てください。これはひとり親家庭の貧困率を比べたもので、日本が除外される前のデータです。ちなみに、ひとり親家庭のうち、9割近くは母子家庭です。△が職なし、ひとり親家庭で親に仕事がない場合です。■は一労働者、つまりひとり親家庭で親に仕事がある場合です。

わかりますか。日本は△のほうの貧困率が低く出る数少ない国のひとつです。変ですよね。ふつうに考えると、職がない人よりも、職のある人のほうが豊かで、貧困率は下がるはずです。実際、ほとんどの国でそうなっています。ところが日本では、ひとり親家庭、そのほとんどである母子家庭のお母さんが働くと貧困率はあがるんです。

理由は簡単、ダブルワーク、トリプルワークの非正規でつないでいかないといけないからです。子どもがいますからね。朝から夜遅くまで正社員で、というわけにいきません。結果、働かずに生活保護を利用したほうが収入が高くなってしまう。だから働くと貧困率があがってしまうわけです。

ここで素朴な疑問が浮かびます。よくまずしい人へのバッシングを見かけますよね。たとえば、生活保護バッシングをするときに、本当は働けるくせに嘘をついている人がたくさんいる、そんな批判をしばしば耳にします。

だけど、おかしくありませんか。母子世帯のお母さんたちは、働けば貧乏になるのにそれでも働いているわけです。いやお母さんたちだけじゃない。日本では大勢の人たちが生活保護という制度を利用しないことが知られています。

日本では、生活保護を利用する資格のある人のうち、15％ぐらいしか制度を使っていないと言われています。スウェーデンなら8割、フランスなら9割が使うと言われているのに、です。もっと多くの人たちが生活保護を使っていいのに使わない。働くと貧乏になるのに働く。批判する人たちが描いている世界とはちがう人間像が浮かんできます。

よく生活保護の不正利用が問題になります。これもおかしい。厚生労働省の調査によると、金額で言って0・5%、件数で言っても2～3%くらいしか不正利用はありません。ですが、不正利用が世にはびこっているかのように言われます。「反社会的勢力」が生活保護もらってベンツに乗ってるというぐあいに。現実とイメージのズレは大きいのです。

「民意」とどう向き合うか

さあ、生活保護バッシングをやっている人たちを批判しましょう……という問いかけをみなさんは期待するんじゃないでしょうか。でもそうはなりません（笑）。僕はひねくれているから、利用者の権利を守るという素直な議論はやらない。みんな生活保護に頼らずに生きてます、使ってる人もズルしてません、だから彼らの人権を守らないと、という話にはあえてしません。

むしろ、そういう「正論」がなぜ通じないのか、という問いを立ててみたいのです。

安倍政権では生活保護が次々に切りさげられました。2013、15、18年、三度の生保の切りさげがあったはずです。あってますよね？

Aさん　直近だとそんなもんですね。

井手　生活保護を次々に切りさげていったわけです。じゃあ、それでどのぐらいの財政効果があるのか。日本の財政は借金まみれ。ここは気になるところです。

２０１８年度の切りさげで言うと、３年後に１６０億円の予算が削れるという話になっています。１６０億円のムダが減る――本当は全然ムダじゃないんですが――と言われてもピンとこないのではないでしょうか。

毎年度の予算の赤字は、だいたい30兆円くらいあります。そこに１６０億円の節約。焼け石に水だと思いませんか？　でも、福祉の現場にいる人はわかるでしょう。生活保護を１６０億円削ったら絶対に命を奪われる人が出てくるにちがいありません。

僕はずっと「財政は人間のくらしをよくするために作られた」と教わってきました。そういう学問だから財政学を学ぼうと決めたのです。それなのに、人間を犠牲にしてまで収支尻っていう「見栄え」にこだわる。この国の財政っていったい何なんでしょうか。

社会保障給付費を見る。いま社会保障のお金が毎年度１２０兆円出てますけれど、２０２５年にはさらに20兆円増えると言われています。この状況のなかで、１６０億円削ることにどれほどの意味があるのでしょうか。

僕だけじゃない。左派やリベラルの人たち、人権団体、あるいは現場で必死に頑張っている人たち、みなさん怒りまくっているでしょう。Aさんだって「切りさげあかん」と大阪で絶叫してるはずです。

Aさん してますね(笑)。

井手 弱者を切り捨てていいはずがない。

でもね、僕は、そこにものすごく大きな矛盾を感じるのです。とてつもない矛盾を。なぜなら、人間の命とちっとも向きあっていない第二次安倍政権のはずなのに、その人たちが選挙で勝つわけですから。しかも圧倒的なかたちで。

あえて言います。僕らには残酷に見える支配者を国民は支持しているのです。すると、その人たちに対して、切り捨てあかん、人でなしといくら訴えたところで、いったい何の意味があるんだろうという問いにぶつからざるをえません。僕は、この問いから逃げる人たちにも同じくらい腹が立っています。

左派であれ、リベラルであれ、人権団体であれ、民主主義を否定する人たちは少ないはずです。もしそうなら、この弱者を虐げる「悪しき民意」に僕らはどう向きあうべきなのか。民主主義は絶対だから「民意」にだまってしたがうか。あいつらには言ってもつうじないと相手をバカにしながら、「正論」を繰りかえしとなえるのか。

多数決民主主義というのはとても重たいシステムです。大嫌いな人がいて、ろくでもない思想の持ち主がいて、でも、その人たちが選挙に勝ったとしたら、嫌悪する人たちのろくでもない提案にしたがわなければならない。その人たちと運命をともにしなければいけない。それが僕たちの選んだ民主主義のかたちなのです。

だから、もし民主主義を大事にしたいという意識を持っているのなら、いや、そんなにかっこよくなくていいです、民主主義は悪くない仕組みだと思っているのだったら、民意とどう向きあうのかという問いから逃げられない。自分たちが嫌われているという悲しい現実から逃げてはいけない。不平不満を並べたてるだけでは、絶対に困っている人たちのくらしは楽にならないのだから。

時代劇になりはじめた左派、リベラル?

みなさん、神奈川県の小田原市生活保護ジャンパー問題をご存知ですか?(全員挙手)さすがですね。「意識高い系」の人たちがそろってる。

Bさん　それって嫌われる人たちですよね。

井手　あ、分かってるじゃないですか(笑)。そう。いまからしたいのはその話です。

「保護なめんな」「不正受給は人間のクズ」とローマ字で書かれたジャンパーを市の職員が着て、生活保護利用者宅を10年近くにわたって訪問していたという事件です。

でも、生活保護の不正利用は本当に少ない。言ってみれば、ほとんどの人が真っ当な利用者です。その真っ当な利用者の家に「不正受給は人間のクズ」「保護なめんな」とか書かれたジャンパーを着て、市の職員が10年にわたって訪ねていたのです。

本当に考えさせられた事件でした。最終的に二千数百件、市民から、全国から小田原市に意見が寄せられたそうです。市の職員さんが調べてくださった時点では1999件、全国や小田原市民から問いあわせがあったそうです。

意見はふたつに分かれていました。「何やってんだ公務員」「人権侵害だ」と怒る人たちと「よくやった」「不正受給は大勢いる。もっときびしく取り締まれ」と応援する人たち。みなさんはどちらですか？　手をあげてください。(全員前者)。まあ、そうでしょうね。僕も同じです。でもね、だから僕たちは嫌われるのです。

たしかに人権侵害だと言った人たちは1064件でした。でも同時に、899件、比率で言うと45％の人が「よくやった」と答えました。あとはその他です。

おそらくここにいるみなさんは、さっきの生活保護の切りさげに対して、あれはひどいと思う人たちのはずです。でも、小田原生活保護ジャンパー問題を見てわかるのは、みなさんみたいに思っている人もたしかにいるけれども、半分ぐらいの人は、いや、こんなのは当然でしょうと思っている、ということです。

この人たちとどう向きあうべきなのでしょう。僕たちにとっては当たり前のことなのに、世の中の正義がものすごいスピードで僕たちの正義とズレはじめている。この事実と向きあわずに、自分たちの正義の殻のなかに閉じこもっていて本当にいいのでしょうか。

時代劇を思いだしませんか？　思えば変です。最後まで見なくても結論はわかってるんですから。前提にあるのは「強きをくじき、弱きを助ける」という「勧善懲悪」でした。でもその前提が社会からなくなればどうなるか。答えは簡単です。時代劇を見る人はいなくなる。見なくてもわかる話は、当然、誰も見ない。

じつは左派、リベラルの未来は時代劇と同じ状況におかれているのかもしれません。多くの人の正義とズレているのに自分たちの正論を繰りかえすとすれば、もし、聞かなくてもわかることを延々と繰りかえすだけだとすれば……消えていくしかないということになってしまうのではないでしょうか。

弱者がさらなる弱者をたたく社会？

ジャンパー問題をつづけます。なんの因果でしょうか、僕は小田原市民でしてね（笑）。この問題の検討会議の座長を頼まれたんです。最後に報告書を出したのですが、職員さんが出してくださった素案を全部書きなおして、僕自身でまとめました。委員のみなさんと何度も細かなやり取りをしながら、です。

その後、担当課のみなさんがすごく頑張ってくださって、この報告書の内容のかなりの部分が実施されました。生活保護利用者へのアンケートという画期的なことまで実現しました。そしていまでは、小田原市は生活保護行政の先端モデルのようになっています。あちこちから視察や講演依頼があるそうですし、人権団体から表彰もされました。

Aさん　ネットで見ました。あれは本当にすばらしい報告書だったと思います。

井手　こちらからすると逆転ホームランくらいの気持ちでした。メディアの矢面に立って闘いましたし。まじめな話、どれだけ非難されるのかわかりませんでした。まさに緊張つづきの毎日でした。

ところが、報告書を出した直後、市の職員さんからの評判がすこぶる悪かったんです。彼らはたしかにジャンパーを着ていた。でも、それは代々受け継がれたもので、ローマ字の文章なんてほとんど気にしていなかった。ただの作業着だったんです。もちろん、その作業着を身につけていたことは、彼らも反省していました。でも、彼らは保護利用者に寄り添い、少ない人数で日々自問自答しながら、必死に業務を遂行していたまじめな人たちでもあったのです。

そんな努力にはまったく目を向けてもらえず、ジャンパーだけでメディアに一斉にたたかれた。そして、僕のようなよそ者が自分たちを犯人扱いし、そのうえさらなる業務改善を要求しはじめた。あとになって僕への批判をずいぶん聞きました。なんとかメディアの論調も変えられてホッとしていたところだったから、正直、かなり落ちこみました。

しかし、冷静に振りかえってみれば、そこに問題の核心があったのです。

全国の公務員のみなさんとお話しする機会がありました。すると、ほとんどが「小田原市の気持ちわかるよね」「ああいう問題、どこで起きてもおかしくないよね」といった反応だったのです。どこか問題の立てかたがズレている感じがしてしかたなかった。

わかりますか。そもそもの話、生活保護予算が足りてないんです。予算の範囲内でやりくりしないといけない。利用者をすべて受け入れていれば財政はもたないし、利用者数を減らせば人権団体から怒られる。高齢化で放っておいても利用者数は増えるうえ、働けない人たちの利用も急激に増えている。だから利用者の困りごとも多様化する。明らかな重労働になっていくのに、人手も財源も足りない。

ケースワーカーは必死で業務をこなしているけど、そこへの目配り、彼らのしんどさへの思いやりはなく、利用者の権利擁護の声ばかりがあがる。公務員は特権階級あつかいで、彼らの人権に関心を持ってくれる人たちは本当に少ない。小田原市には労働組合もありませんでした。

誤解しないでください。利用者の権利擁護が第一だというのは僕にだってわかってます。ただ、現場のケースワーカーを「悪意の存在だ」と断じてしまえば、そこで見落とされる問題があるということを言いたいんです。それは何か。「WIN＝LOSE」ではなく「LOSE＝LOSE」の関係がそこにあるという重要な問題です。

弱い人たちの権利を問うことは大事です。ケースワーカーと利用者の間には、結局は権力的な関係、あえて言えば上下関係が存在します。それをわかったうえであえて言いたいのは、そこで現実に起きている権利の侵害を「強者」対「弱者」という視点だけで見てしまうと、強者の弱者いびりという構図になって、「なぜ一方が他方を排除するのか」という「動機」の問題がすっぽりと抜け落ちてしまうということです。

これは生活保護の問題だけではありません。問題を起こす側の「動機」に切りこむことなく、断罪して終わらせる、正論だけを繰りかえす、こんなことをつづけていれば、リベラルは支持されなくなり、選挙で負けつづけ、またキレイごとを言ってると鼻で笑われてしまうのではないか、僕はそう感じているのです。

弱者にきびしい人たちというのは、悪人や金持ちではなくて、じつはしんどい思いに苦しんでいる「ふつうの人たち」じゃないのでしょうか。あえて、線引きするのであれば、加害者もまた、別のところで「くらしの被害者」という面を持ってはいないでしょうか。そして彼らが加害者になる動機を根絶やしにしてはじめて、弱者の権利が擁護される状況をつくれるんじゃないか。こんな「排除の解剖学」が必要な気がするのです。

働くことは楽しいですか?

「排除の解剖学」、我ながらうまいこと言いました(笑)。その解剖のために、ひとつキーワードを出しましょう。それは「勤労」、つまり「まじめに働く」ということです。

みなさん、朝の通勤電車に乗ったことありますよね。

Bさん 結婚して乗らなくなりましたけど、昔は嫌というほど。

井手 だったら分かりますよね。何が気持ち悪いって、あれは「人間の非人間的輸送」にほかなりません。あんなに雑な人間の輸送のしかたがあっていいのでしょうか。平気で人を押す。足を踏んづける。誰も笑わない。席をゆずる余裕もなく、みんなスマホを見つめている。通勤時間帯は苦痛に満ちている。僕はそれが嫌で小田原に引っ越しました。遠いかわりに確実に座れるからです。

でも、ある日、ふと気づいたんです。もし、働くことが「楽しいこと」だったら、もうちょっと状況は変わるのではないか、と。

みながみな仕事をつらいと思っているわけではないでしょう。でも、職場で大変な思いをしている人は多いと思います。長時間労働や周囲のプレッシャー、人間関係、少ない給料、不安定な雇用……もし、働くことがしんどいとすれば、その職場に向かうぎゅうぎゅう詰めの電車のなかでやさしくなれと言われても無理ですよね。ただでさえ身動きの取れない空間なのですから。

これは分析ではありません。ただの気づきです。働くことが楽しくなければ、苦痛であればどうなるのか、ということです。そう考えて、「国民生活選好度調査」という内閣府の調査を見てみました。すると案の定、仕事の満足度が連続的に低下しているんです。

この調査、2012年で終わってるのですが――僕にとってのいい調査は政府には悪い調査らしくて、よく途中で終わるんですよね――ずっと一貫してさがっています。とくに収入の満足度は3分の1くらいに減ってます。

働けずに生活保護を利用している人がいるとします。もしみなさんの仕事が楽しいとしましょう。すると、「かわいそうに、こんなに楽しいのに働けないなんて」となるでしょう。でも、働くのが苦痛だとすれば、仕事がつらいとしたら、「何であいつらは働かないんだ、働かせろよ」「俺だってしんどいのになぜあいつだけ」とならないでしょうか。

昔、友人に聞いたことがあります。スウェーデンで失業者が乗馬を楽しんでいた。彼は生活保護を利用していた。となりにいた友人に「生活保護なのに乗馬？」と問いただしたところ、こう言われたそうです。「働くって一番大切なことじゃない。それができないかわいそうな人なんだから。せめて国からお金をもらって、乗馬くらい楽しめなければあんまりだよ」。日本でこんなこと言ったら袋だたきかもしれません。

僕たちにとって「働くこと」とは何なのでしょう。ここからもう一度考えなおしていかないと、働けずに生活保護で生きている人への怒りが見えてこないと思うのです。だから、きょうは、僕は財政の専門家ですが、すこし頑張ってみて、働くということについて考えようと思うのです。それがきょうのみなさんに対する問いかけです。

獣の世

「勤労」という言葉、聞いたことはありますよね。勤勉に働く、労働にいそしむ。この勤労という考えかたが大事だという発想じたいは、別に日本だけじゃなくて、欧米にもあります。どの国にも昔からある考えかたです。

ただ、僕たちの社会ではこの価値観がいまだに色濃く残っているように思います。

大本の教祖の出口なおという人をみなさん知ってます？　安丸良夫さんという歴史学者が『出口なお』（洋泉社）というとてもおもしろい本を出されています。その一節を読んでみます。

「外国は獣類の世、強いもの勝ちの悪魔ばかりの国であるぞよ。日本も獣の世になりて居るぞよ……是では国は立ちては行かんから、神が表に現はれて、三千世界の立替へ立直しを致すぞよ」

けです。

Cさん　獣類の世……。

井手　そうなんです。獣だらけの世です。幕末から明治期にかけての荒んだ社会の雰囲気がよく出てますね。出口なおという女性が神がかってこう言い、大本という宗教を開くわけです。

出口なおとはどんな人物だったか。安丸さんは「通俗道徳」という言葉を使って、彼女の生きかたを表現しています。これがじつに興味深いのです。

通俗道徳、これを二宮尊徳の言葉で言うなら、至誠、勤労、分度、推譲ということになるでしょう。真心をもってことにあたる至誠、勤勉に働く勤労、これらはいいですね。分度は経済的に身の丈で生きること、ムダ遣いをせずに身のほどを知って生きるという感じでしょうか。最後に、推譲というのは、分度の結果生まれる余剰をまわりの人たちにゆずりましょうということです。

この通俗道徳を体現したような生きかたをしたのが、出口なおでした。

彼女は、朝から晩まで必死に働き、節約してお金を貯め、それを親戚などの借金返済にあてるという生きかたを実践した人です。典型的な「美しい」日本人でしたが、最終的に破産してしまいました。頑張ればいつか報われると思って耐えてきたのに、周囲の人にさんざん利用されて、あげくに破産して、見放されてしまうわけです。

たしかにいそうですよね。破産した人に「あの人羽振りがよかったもんね」とか、「もっとコツコツ貯めときゃよかったのに」とか言う人。打ちひしがれているのに、ムダ遣いしたんだろうとか、まじめに働かないからだめなんだみたいなことを言う人。経済的に失敗しただけなのに、イコール道徳的な失敗者、堕落した人間のようにあつかわれる。ここに彼女の生きづらさがあったわけです。

生活保護利用者のメンタリティもこれに近いと僕は思うのです。あるいはいま、必死に歯を食いしばって働いている人たち、生活保護を使わないで頑張ろうとする人たちの気持ちもここに近いと思うのです。道徳的な失敗者の烙印を押されて、あるいは押されるのを恐れて、身を隠すようにして、必死にまずしさに耐える。そんな人たちからすれば世のなかは「獣の世」のように見えているんじゃないでしょうか。

天は自ら助くる者を助く

同じ時代の話をもうひとつ。みなさん、サミュエル・スマイルズという人の『自助論』という本を知ってますか？　中村正直が『西国立志編』と翻訳したのですが、いまも『自助論』というタイトルで手に取ることができます。

この本の文章を引用しましょう。きっとおどろくと思います。「天は自ら助くる者を助く」からはじまるこの本では、次のように教え諭されています。

「自分で自分を助けようとする精神こそ、その人間をいつまでも励まし、元気づける。その人のために良かれと思って援助の手を差し伸べても、相手はかえって自立の気持ちを失い、その必要性をも忘れるだろう……いちばんよいのは何もしないで放っておくことかもしれない。そうすれば、人は自らの力で自己を発展させ、自分の置かれた状況を改善していくだろう」

この本は『学問のすゝめ』に次ぐと言ってよいベストセラーです。江戸時代の秩序が崩壊し、多くの人が不安のなかに放りだされました。そのときに売れた本が『自助論』だった。これはとても示唆的な話です。いまの日本を考えるうえでも。

いまなら税は個人的に払いますね。でも、江戸時代の年貢は、村単位で払っていました。これを村請制と言います。だから、働けない人、酒やギャンブルで身をもちくずす人が出てくると、その人の分までまわりの人たちが払わされていました。

もちろん怠ける人は許せない。でも、どんなに気に入らなくても彼らを支えないと、自分たちのくらしが行きづまる。その人たちが逃げだしたり、土地を質に入れたりしたら、全部自分たちが負担を背負いこまなければいけなくなるからです。

この「強いられた救済」に江戸時代の農民たちは250年以上も耐えつづけました。通俗道徳がなぜ日本社会に定着したのか。勤労や分度、推譲といった道徳がなぜ広がったのか。その教えの尊さ、正しさだけでは説明のつかない何かがあるとしか思えません。

通俗道徳が広がっていったのは、ちょうど人口が減っていく時代でした。天明の飢饉や天保の飢饉と呼ばれる大飢饉が起きて、人口が減っていき、みんなの生活もどんどんきびしくなっていきました。そのときに勤労すること、身の丈で生き、仲間のために財産を分かちあうことをほめたたえる道徳が広がった。

それは、支配者はもちろん、支配される側、とりわけ「強いられた救済」を求められる側にも、必要な価値観だったのではないでしょうか。まじめに働け、ムダ遣いはだめだ、なぜなら……自分の負担になるじゃないか、と。

僕の友人で同僚の松沢裕作くんの仕事を読んで、また共著を書き、彼と対話するなかで、僕の断片的な知識が方向づけられました（松沢裕作『町村合併から生まれた日本近代――明治の経験』講談社選書メチエ、井手英策・松沢裕作編『分断社会・日本』岩波ブックレット）。

考えてください。村請制がなくなったときに、みなさんはどうなりますか？　税金が個人単位に変わる、「強いられた救済」から解放される、そうすると、働かないやつとか怠けているやつを助けようとは思わないでしょうし、それどころか、そいつらをきびしく取りしまれ、ズルを見逃すなという話になるのではないでしょうか。

それだけではありません。「強いられた救済」が必要なくなったのはいいですが、一人ひとりの努力、自己責任で自分たちのくらしを成りたたせなければいけなくなる、社会が大混乱し、自分たちの将来が見通せなくなる、そんな状況のなかで、誰かにやさしくしていられる余裕がはたしてあるでしょうか。

ムリですよね。だからこそ、『西国立志編＝自助論』が売れたのです。

時代の変わり目に次々と破産者が生まれる。あゆみをそろえるように、新興宗教もまた次々とおこる。最近、明治礼賛論がはびこるなか、松沢くんは「生きづらい明治社会」と異議申し立てをしました。みんながしんどくなって、中間層と呼ばれる人たちにうっぷんがたまっていく。なんで俺たちはあいつらのために税金を払わなきゃいけないのかというストレスがためこまれていく。まるで現代の引き写しを見るような思いです。

第3講で話しますが、アメリカのトランプ大統領の登場も同じ問題だと思います。トランプ大統領が注目したのは「忘れ去られた人たち」でした。みごとに転落の恐怖におびえる中間層の気持ちを代弁したわけです。

だから、僕はみなさんに言いたいのです。「弱者」目線ではなくて、いまこの世のなかにどんどんたまっていく中間層の怒りや悲しみに目を向けないと、かえって世のなかは取りかえしのつかないことになってしまうのではないでしょうか。

よみがえる勤労

「よみがえる勤労」と聞くと何を思いだします？

Bさん 松田優作の映画『蘇える金狼』ですよね。思わず吹いちゃいました。

井手 教養と年齢を同時に測れるいい質問でしたね（笑）。このタイトル、僕もそれを意識しました。戦前の話を続けます。日中戦争期になると、二宮尊徳の銅像が全国の小学校に建てられていくんです。戦争がはじまると金属が不足して、これを回収してまた溶かしたというオチがつきますけれど……。

戦争にすべての資源が動員されていくプロセスで、勤労、分度、推譲の教えがふたたび注目されるようになっていきます。そして1940年に「勤労新体制確立要綱」というのが出てくるわけです。

ここでの書きぶりは強烈です。「勤労は皇国に対する皇国民の責任たると共に栄誉である」という話になってしまうのですから。もはや尊徳の教えとは別物です。勤労することは責任たるとともに栄誉だ、国のために働け、というわけです。

当時の厚生官僚、いまなら厚生労働省の官僚がこんなふうに言っています。勤労は手段ではなく目的だ。しかも人から押しつけられるものではない。自発的にやるべきもの、全人格を打ちこむ性質のもので、栄誉性、歓喜性を有するものなのだ、と。

ここまでくると、「勤勉に働くという考えかたはどの国でも大事にされてきたよね」という次元ではもはやありません。「人格性」と言いますか、あるべき国民の姿が法律レベルで書かれています。日本国民たるもの、自発的に勤労しなければならない。そして、それは人間としての美しさの凝縮であって、誉れであり、喜びである。「勤労」という言葉のなかに人格や人間像がみごとに埋めこまれてしまったのです。

そんなの戦争中の話だ、と思ってる人いませんか？　戦争が終わって消えるかと思いきや、消えないのです。じつは憲法の議論でもまた、「勤労」という言葉が出てきます。

占領期の憲法論議のなかで、ある学者がこんなことを言ってます。勤労は国家のために働くということではない。ここまではいいでしょう。でも、「働かざる者は食うべからず式の考え」なのだから、働いている人たちの命を保障せよ、と。

これはのちに生存権と呼ばれる問題です。つまり、勤労の義務というのは、国のためにやるのではないけれども、勤労の義務を果たさない人たちの命は保障しなくていい、と暗にほのめかされていたわけです。

日本社会党に加わった森戸辰男もこう言ってます。公共の福祉のために、要するにみんなのために、労働力のある働ける者はみな働かなければならぬ、と。すごいでしょう。人格性がここにも残っている。まさに勤労は選択できるものではなく、国民の義務だったのです。労働や就労でさえない。勤勉な労働が義務なんです。

なぜこんなことになるのでしょう。高瀬弘文さんの研究によると、当時の左派は、臣民だとか皇国民だとかと言われたものを労働者に置きかえたかったそうです。彼らは憲法のなかで「勤勉に労働する人間」を主語として位置づけたかったというわけです。

右派もこの流れに賛成します。明治憲法では、徴兵制がありましたから、戦争に行く、命をかける義務がありました。右派は、国のために命をかけるという、その美しい国民の姿を別の何かに置きかえたかった。彼らもまた、勤労の義務を果たす、献身的な国民の姿を憲法に書きこみたかったのです。

こうして「勤労」をほめそやす発想が憲法に残ってしまいます。憲法27条。勤労が義務だなんて憲法に書きこんでいる国はなかなか見あたりません。そして、25条の生存権、誰もが生きられる権利のはずのこの生存権が、27条の勤労の義務と微妙にむすびついている。生活保護への僕たちのいわく言いがたい感情、保護を権利として認めきれないメンタリティは、近世以来の通俗道徳と深いところでつながっているのです。

倹約の美徳

もうひとつ、「分度」の問題を貯蓄と関連させて考えてみたいと思います。日本の政策の歴史を見ると、貯蓄、貯蓄の連続だということに気づきます。幕末から明治にかけて活躍した井上馨という人物がいます。この人が「貯蓄奨励に関する諭達」というのを出すのですが、そのなかでこう言っています。ムダ遣いになるような消費をなくしなさい。将来にそなえなさい。国家経済にとってはもちろん、自分たち自身においても大いに利益あることだから、貯蓄しなさい、と。

松方正義という人にいたっては、貯蓄は、国民のムダな消費をやめて生産上の資本をつくる道だ、と説きました。つまり、みんなが郵便局とか銀行にお金を貯めこめば、そのお金が貸しつけられて、経済に向かっていく。だから、みんなムダ遣いをやめて、身の丈で生きてお金を貯めなさい、と言ったわけです。分度という言葉は使っていません。でもその発想がそっくりそのまま国の政策のどまんなかに入っていたのです。

アジア・太平洋戦争になると、今度は貯蓄奨励運動が出てきます。国民みんなで貯蓄しなさいという運動です。物資を戦争に動員したいけれど、国民が物を費消してしまえば、それができない。国民に消費をさせずに戦争に物資を動員するにはどうするか。貯蓄させればいいわけです。だから、「欲しがりません勝つまでは」というあの有名なフレーズをたずさえて、政府は消費を抑え、倹約することの美徳を国民に説いたわけです。

おもしろいのは、この流れもまた、戦後につづいたことです。

終戦直後は、物が足りなくて、物価がどんどんあがっていきますから、国民にムダ遣いはさせられません。今度は救国貯蓄運動というのが開始されます。国を救うために貯金しなさいと言うわけですね。

これは物価がある程度落ちついてからもしばらくつづきます。各都道府県に貯蓄推進委員会ができて、戦後も貯蓄政策はつづいていく。またここでも、国民のなかに倹約の美徳が刷りこまれていくわけですね。

高度経済成長を支えた首相の池田勇人をみなさんもご存知ですよね。所得倍増計画で有名な歴史上の人物です。彼がこんなことを言っています。財政でも企業でも家計でも、知らず知らずにムダ遣いに流れてあやしまない心理があるかもしれない。お金を貯めるということは、要するに、国民一人ひとりの勤労と節約のうちにあるということを覚らねばならない、と。

そして、こうも言います。貧乏人を助けるという考えかたはだめだ。占領期の社会保障はぜいたく過ぎだ。それよりも人間の勤労の能率を高めなければいけない。そのためには、公共事業をやって、道路や橋などのインフラを整え、勤労の能率をあげよう。そしてもうひとつ、勤労した立派な人たちには税金をかえしてあげよう、所得税を減税してあげよう、と。

まさに勤労と倹約、分度なんです。この通俗道徳が戦後の日本の福祉国家をつくるわけです。勤労した立派な人たちに税をかえす。そして、公共事業で勤労のチャンスを与える。勤労ベースの所得減税と公共事業が政策の二大支柱になっていくのです。

Cさん　それは池田さんの思想が特別だということではないんですか?

井手　歴史的には前後しますが、戦前に高橋是清という政治家がいました。昭和恐慌から脱出するとき、「高橋財政」と言われるユニークな経済政策をやった人物です。ケインズ政策を世界ではじめてやった人とも言われます。

高橋はこう言ってます。

「慈善の金額は勿論そう多額に上るべきではなく、又慈善の対象となる様なものがそう沢山あってはたまらない」

「天変地異の場合は別であるが、本当に更生させる為の救済対策はなかなか難しいことである。農村に限らず、失業の問題でも無意味な救済はしてはならぬ」

保守政治に通底する「見かた」が分かっていただけるのではないでしょうか。これから話す大平正芳さんも、まさにこの流れに位置づけられます。

福祉国家を非難していた自民党

1979年に自民党の研修叢書が出ています。『日本型福祉社会』という本です。この本のなかでは、医療とか教育とか介護とかを国民に提供する福祉国家を、それはもうひどいくらいにののしっています。

まずイギリスを英国病という名の「経済的糖尿病」だと断罪します。所得や住宅や保健といった甘い生活——野口五郎の歌でしょうか、また古い話ですみません（笑）——経済的活力喪失症、そして、あんな国は社会主義国になるか老衰死か、どっちかだと言いはなっています。

スウェーデンのこともこう言ってます。スウェーデン病、崩壊する福祉理想国家、寒々とした人間関係の国、高い自殺率、犯罪発生率が異常に高い、フリーセックスの国、懲罰の観念がない、アル中患者が多過ぎる……もはや暴言の域です。

でもここでのポイントは品のなさではありません。社会保障などでくらしを助けていたら、人間が勤労の意欲を失ってしまう、勤労もせずに人様のご厄介になるような、救いようのない人間の吹きだまりになってしまう、こんな国になっていいのかという主張、そしてこれへの共感です。よくイギリス人やスウェーデン人が怒らなかったな、と思いますけれども……。

この本では、必要なミニマムが万人に保障される、最小限の保障がすべての国民に行きわたる、そんな福祉国家の理想は、能力に応じて働くべきことが忘れられているという点で、マルクス以上に空想的だ、とさえ言ってます。すごいですよね。

通俗道徳を守らない、勤労や分度の精神を持たない日本人は、不道徳どころか非国民だと言わんばかりの勢いで批判されていたのです。「働かざる者食うべからず」と言いはなち、憲法の25条と27条をごちゃまぜにしてしまった占領期の匂いを、ここでも感じることができますね。

この自民党の研修叢書が出たときの総理大臣が大平正芳さんです。僕の好みではありませんが、彼は思想のある政治家だと思います。そして彼はハッキリこう言いました。遊んでいても食える、病気になった責任も回避できるということなら、それは天国にちがいない。だが、国民の活力と自己責任感は減退する。日本人の持つ自立自助の精神、細やかな人間関係、相互の助けあいの仕組みを守れ、そして、これを土台に公的福祉を組みあわせることで活力ある日本型福祉社会をめざすのだ、と。

最近の自民党の議論はこの延長線上です。自助・互助・共助が軸で、公助は最後の切札の「自己責任社会」。大平さんの発想そのものです。逆に言うと、自民党はたしかに保守なのです。その土台に、たしかに、勤労や分度を軸とする道徳観があるのです。

女の責任 男の責任

どうでしょう。僕たちの社会には勤勉に働くことの価値、尊さが刻みこまれている。ここを無視してしまっては、生活保護バッシングの現実が見えてこない。この勤労の国、僕の用語で言えば、「勤労国家」をどのようにつくりかえるのかという議論をせずに、ただ弱者を守れという正論を繰りかえすだけではもうもたない。僕の考えをおわかりいただけたでしょうか。

もうひとつ、この勤労国家を支えていたのが「奥さん」だったという事実にも光を当てておきましょう。

女性の働く割合、労働力人口比率を見ますと、昭和30年の57%から、40年に51%、50年に46%と低下し、女性の専業主婦化がすすんでいきました。よく外国の研究者に言うんですが、日本の福祉国家は「奥さん」だったのです。

子育ては奥さんの仕事、子どもに勉強を教えるのは奥さんの仕事、じいちゃん、ばあちゃんの介護は奥さんの仕事……だから、政府は最小の福祉でいい。奥さんがやってくれるからです。日本は「先進国最小の政府」のひとつでしたが、それは男性が稼ぎ、女性が家に入るという分業があったから可能だったのです。

しかも、1960年の女の人の仕事を見ると、自営業主が13・5%、家族従業者、農業、自営業労働などが44・7%ですから、全体の6割はたとえ働いていても家にいたわけです。働きながら子どもや配偶者の親の面倒を見ることができたわけです。

ちなみに、いまではこれをふたつ足しても1割ぐらいで、9割が会社に行っています。労働力人口比率も高齢化がすすんでいるのに、昭和30年代の水準にもどってしまっています。「奥さん」依存の福祉国家など、もうとっくに限界に来ているのです。

もう一点。法定外福利費といって、社宅、医療や健康診断、社員食堂といったように、生きる、くらすことにかかわるお金を企業が払ってくれていました。病院をつくったり、健康診断を行なったり、あるいは社宅を提供したり、という具合です。ふつう、住宅とか医療を提供するのは政府の仕事ですね。それを会社がやってくれていたのです。

こうして、男性にとって「自分の腕一本で家族を食わせていく」という価値観がつくられていきました。家族を養い、マイホームを建ててこそ一人前という価値観です。

しかしそれでは、家族を養えない男は、社会的に価値のない人間だということになります。道徳的な責任を果たすことのできない情けない人間、という評価です。

この社会の価値が持つ意味については次回考えます。ただ、ひとつ印象的なのは、女性が正規か非正規かという雇用のかたちで結婚への志向を左右されないのに対して、男性は非正規になったとたんに結婚への志向が弱まるという統計データがあることです。

未婚率を見てみましょう。女性は正規雇用になると未婚率があがります。結婚よりも仕事を優先するからです。男性は反対に、非正規雇用になると未婚率があがってしまいます。いまだに男性は、家族を養うことを自分たちの責任だ、無責任な人間になるくらいなら結婚はしない、と考えているようにさえ見えます。

勤労国家のみごとな金回り

こうやって考えてくると、貯蓄があるかどうかというのが、僕たちにとっては決定的に重要なポイントだということがわかるのではないでしょうか。

それは政府が助けてくれない、実際に生きていくためにお金が手元になければいけないというだけではありません。勤労や分度といった通俗道徳の実践者とみなされ、社会に居場所を見つけることができるという意味でも大事だったのです。懸命に働き、家族が生きていくだけの資金を自らの力で蓄えられる人がまっとうだという社会の評価です。

こうした価値観があったからこそ、政府は減税によって勤労者にお金をかえし、公共事業によって勤労の機会を保障するという日本的な経済政策のフレームをつくりました。

一方、政府のご厄介になる人たちは、むしろ自己責任を果たせない、不道徳な存在として位置づけられました。だからこそ、生活保護に甘んじるのではなく、なんとか歯を食いしばって頑張ろうとする人たちが大勢いるわけです。

でも、人間ってむずかしいですよね。自分が頑張ってギリギリの線でくらしていると、他の人にも同じような苦行を求めてしまう。俺ができてるんだから、お前もできるはずだ、と。こんな苦行に耐えている自分はすごいんだ、にはなかなかなりません。

この辺の話もまたあらためてやりましょう。きょう確認しておきたいのは、こうした政策フレームがあざやかな資金の循環をつくりだしたこと、この成功の記憶が政策の転換を遅らせた可能性です。

高度経済成長期の日本では、どんどん所得が増えました。しかも所得税の減税でお金がもどってくるから、その資金を将来にそなえるための貯蓄に回す。だから日本の貯蓄率は先進国で最高の水準にまであがっていったわけです。

かつて郵便局は国の機関でした。政府はここに預けられた資金を地方自治体や政府系機関に貸しつけ、公共事業に誘導しました。いわゆる財政投融資です。また、民間の銀行に預けられたお金は企業に貸しつけられ、設備投資に向かいました。

こうして、ますます経済が成長し、みんなの所得が増える。当時の所得税は相当な累進性を採用していましたから、所得が増えると税収が跳ねあがって、またまた減税の財源が生まれる。こんなみごとな資金循環が生みだされていったわけです。

減税と公共事業という組みあわせはみごとな分配のかたちでした。前者は都市で働く人たちへの還元で、後者は地方、あるいは地方で働くまずしい人たちへの所得再分配になっていたわけです。こうして都市と農村の共存も可能になりました。

教育、住宅、医療、介護、これらはヨーロッパなら政府が全部無料だったり、安い値段だったりで提供してくれます。ですが、日本はこれを自分で市場から買いなさい、そのために貯蓄できるようにしてあげるから、という社会にしたわけです。

Fさん　すみません、話の腰を折るようなのですが、勤労と分度はよしとして、推譲はどこに行ったのでしょうか。

井手　そうですね。もし自分たちの蓄えを税金として政府に納める――つまり推譲ですね――、そしてこのお金がみんなのために使われればよかったのでしょう。でも、自己責任の社会では残念ながらそんな余裕はない。すっかり昔話になりましたが、「エコノミックアニマル」と揶揄されるほど経済活動に血道をあげた理由もここにあったのです。

病院へ行ったら一定割合は自分で負担しなさい。じゃないとみんなムダ遣いするでしょう？　介護だって、住宅だって、進学だって、ちゃんと勤労して、自分でお金を払いなさい。それが責任ある大人のやることでしょ？　そんな社会にしてしまったのです。

妻は夫が十分な責任を果たせるよう、良妻賢母でなければいけない。企業がくらしを支えるのだから労働者は企業に忠誠を誓わなければならない。コミュニティだってそうです。青年団が消防団をやったり、自警団をやったり、町内会の民生委員さんが行政の仕事の下請けになったり……政府のいろんな役割を人びとが勤労で補完していたわけですが、それは「やらなければならない」だったのです。

どうでしょう。僕たちの社会の土台に「勤労」の思想があることが見えてきましたか？　近世以来の価値観、土壌のうえに、僕たちの福祉国家は建てられた。だから僕は「勤労国家」と呼んだわけです。

ある時点までは、おどろくほどよくできた国だったと思います。たんに経済的に見れば、の話ですが。でも、だからこそつくりかえられずに苦労したという面もあります。

オイルショック以降、経済の成長率が低下しました。すると今度は政府が成長のエンジンにならないといけません。だからこそ、１９７０年代には赤字国債を積みあげてまで、減税や公共事業を大々的に打ちだしたのです。

バブル経済のおかげで、財政は小康状態を取りもどしました。勤労国家の枠組みが全面的に広がっていったのはバブル崩壊後です。でも、次回話すように、１９９０年代には歴史的な社会の転換が起きていました。しかし、僕たちは当然のように成功モデルである勤労国家型のフレームで対応してしまった。これはしかたのないことでしょう。ただ、現実の問題として、成功の記憶への執着はシステム転換を遅らせてしまったのです。

みんなの利益ってなに？

勤労国家は成長こそが原動力でした。成長が止まったら減税のお金も公共事業のお金も足りなくなります。だから政府は借金してまで成長を追い求めた。空前の借金は政府のだらしなさのせいだけではない。勤労国家というフレームの限界でもあるんです。

一方、貯蓄ができなくなっても政府はくらしを守ってくれません。将来不安はみなさんを直撃する。自己責任なんてムリなのに、社会はそれを「価値」として求めてくる。

図1-2を見てください。お年寄りに向かっている社会保障の対GDP比と現役世代に向かっている社会保障の対GDP比を見たものです。現役世代に向かっている社会保障は、トルコ、アメリカに次いで少ないんですね。

Dさん　これはまた極端ですね。

井手　もう少し正確に言いましょう。日本の社会保障を全体で見ると先進国のなかでもむしろいい部類に入ります。ところが、内訳を見ると、高齢者にあまりにも傾斜しすぎてい

図1-2　各国の社会保障給付の割合

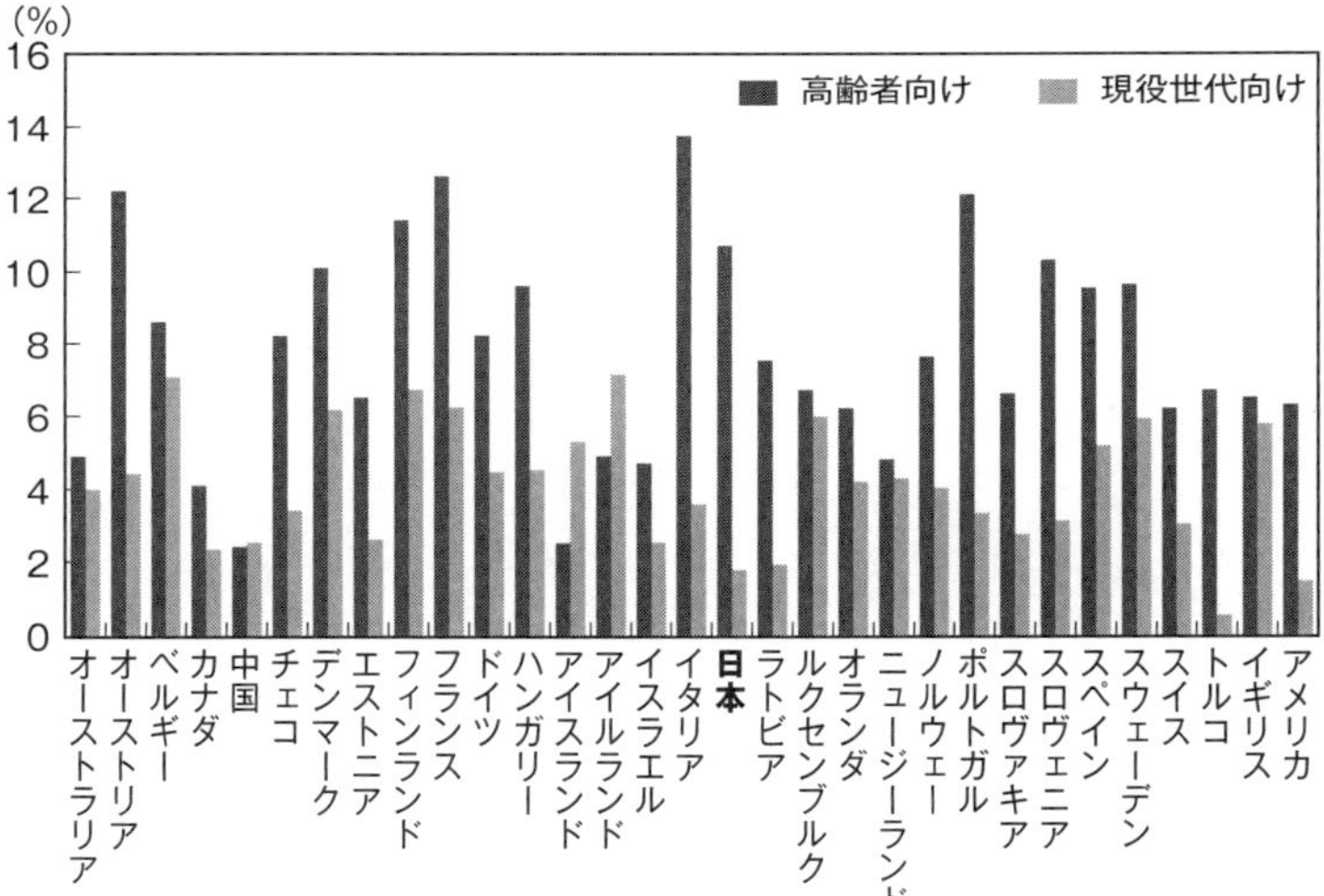

出所：OECD. stat より作成
注：高齢者向けは「高齢」、現役世代向けは「家族」「住宅」「失業」「積極的労働市場政策」

るんです。まさに勤労の国。自分で働いて、自分でお金を貯めて、何とかして自分で生きていきなさい、勤労を終えた高齢者には手厚い福祉を、そんな社会のすがたが一目でわかると思いませんか？

ひとつ個人的な体験について話そうと思います。

２０１１年４月のことでした。東日本大震災の翌月です。僕は生死の境をさまよっていました。急性硬膜下血腫、わかりやすく言えば外傷性の脳内出血が理由です。頭のなかの血が止まるかどうかで僕の一生は決まる。布団をかぶって泣いてましたね。自分がつらくてじゃないです。連れあいや子どもはどうなるんだろうという不安です。

血は運よく止まってくれました。だから僕はいまみなさんと話をするチャンスを与えられたわけです。ただ、僕が働けなくなったら家族はどうなるんだろう、そんな不安でしばらく自律神経がおかしくなる時期がつづきました。

とにかく「働く世代は自己責任で生きていきなさい」という社会ができあがっている。しかも、働けなくなれば社会から否定され、家族も同じようにつらい目にあう。

うかつに倒れた自分が悔しかった。子どもが受験したいなんて言っても、泣いて謝るしかないんですから。下手に生きてしまえば自分はお荷物だ、自宅も手放さなきゃいけないだろうし、いっそ死んだほうがお金が残るだけ家族のためかも、とさえ思いました。

でもこんなの絶対おかしいですよね。みなさん考えたことがありますか。日本では「みんなの利益」が安全保障と外交、そして義務教育だけしかないんです。

僕がどんなに政府に嫌われたとしても、よその国が攻めてきたときに、井手だけ見殺しにせよとはさすがに言わないでしょう。外交だって良くも悪くも全国民が受益の対象となっている。義務教育、小学校、中学校はタダで行ける建前になっています。でも、この3つしか「みんなの利益」と呼べるものがないんです。

安全保障、外交、義務教育、これらはふつうどこの国でもみんなの利益になっているものです。一方、他の国では、別の部分も「みんなの利益」にしています。たとえば、ヨーロッパだったら大学の多くはタダじゃないですか。だから、大学はみんなの利益です。イギリスやカナダだったら医療費はタダじゃないですか。これもみんなの利益です。

でも日本はちがいます。公共事業と言った瞬間にみなさんの頭のなかで、「ああ、地方に行くのね」「低所得層ね」と思いませんか？　あるいは、医療・介護・年金と言うけれども、こんなのは保険料を払った人しかもらえないし、大部分が高齢者に行くとふつうは思われるはずです。

大学がタダになるのもやっぱりまずしい人たちです。育児・子育てなんてもうわけがわかりません。都市部の共稼ぎ世帯はお子さんを保育所に入れられますが、専業主婦では保育所には入れてもらえません。逆に幼稚園は専業主婦でないと入れられないですよね。お迎えに行かないといけないのですから……。

生活保護、児童扶養手当、障害児福祉手当はもちろん低所得層に限られる。中小企業への融資は当然中小企業、経営所得安定対策、つまり昔の農家の戸別所得補償みたいなものですが、とにかく特定の層、誰かに行くわけです。みんなに行く給付が小さすぎるのです。

犯人さがしと袋だたきの政治

これを僕は「分断型の財政」と呼んでいます。ではどこが「分断型」なのでしょう。財政がきびしくなると「誰から削るか」という血みどろの争いがはじまります。同時に、ほとんどが低所得層の受益、メリットになっているから、働かない人たちへの怒りが噴きだします。「得したあいつ」への怒りが噴きだしてくるわけです。こうして社会は分断される。だからこう呼んだのです。

思いだしてください。最初、公共事業がたたかれて、特殊法人がたたかれて、公務員の人件費が標的にされて、議員の定数や人件費も目をつけられて。それだけじゃありません。生活保護がたたかれ、復興予算の流用がたたかれ、いまは医療費の薬の値段が高過ぎるとたたかれて……。

ようするに、あいつらから削れ、自分の取り分には手をつけるなということが公然と語られているわけです。あいつはムダ遣いしているぞ、これをそのまま見逃してもいいのかとたきつけられる。政府もメディアも政党も一緒になって犯人さがしをする、そんな見る

図1-3　社会保障政策でどの政策が大切か

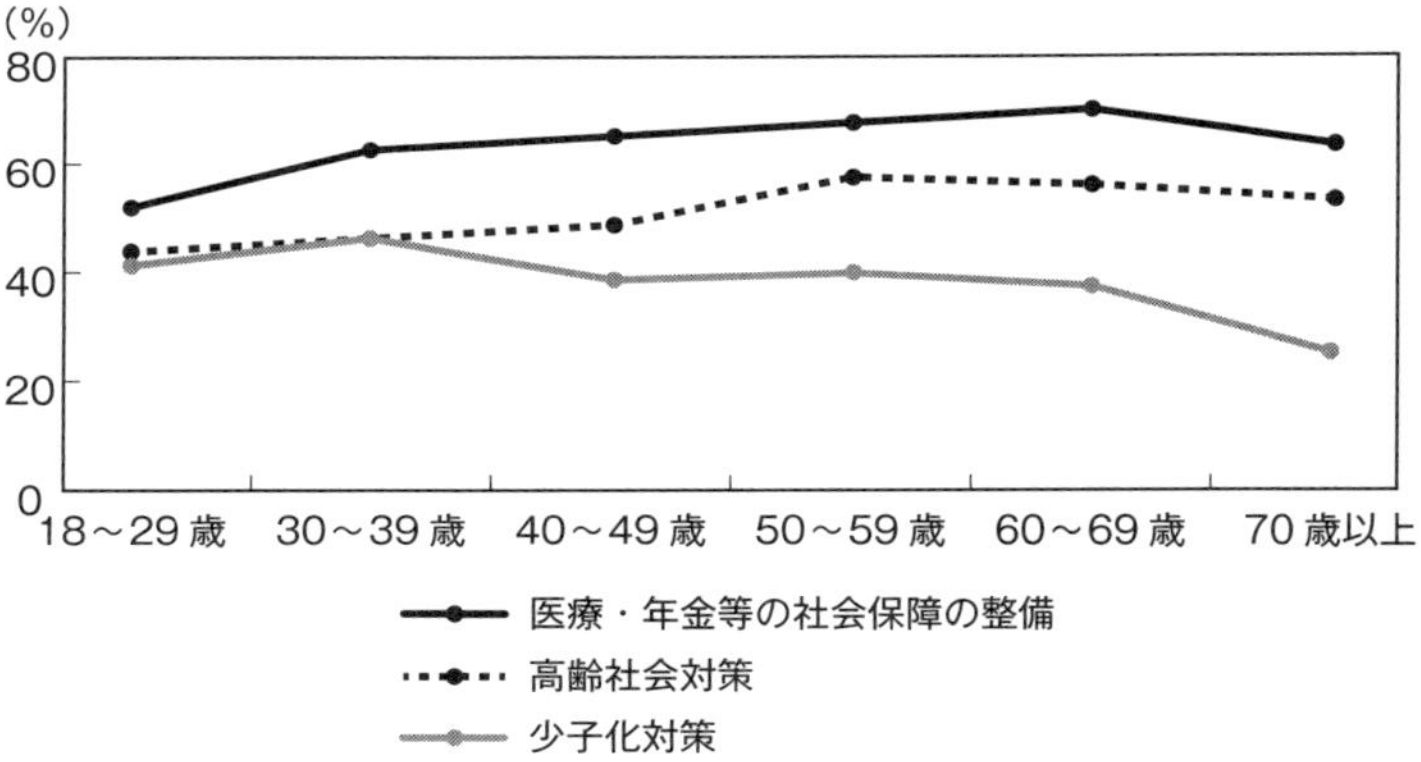

出所：内閣府「平成30年度　国民生活に関する世論調査」より作成

に耐えない政治が生まれたわけです。

いかにも勤労の社会で起きそうなことだと思いますが、それにしても、悪事をさらしあう政治なんて見せつづけられたら、誰だって疑心暗鬼になるに決まっています。

実際に利己主義が蔓延しはじめています。本当に悲しいことです。

図1-3を見てください。どんな政策が大事かと聞いたとき、医療・年金、高齢者対策は、年をとればとるほど、みんなが大事と言うんですね。というのは、病気にならない人間なんていないからです。一生働きどおしの人間もまずいません。年をとらない人間だっていませんね。みんなのメリットになるのは、やっぱりみんなが必要と言うのです。

ところが、少子化対策や子育てと言うと、

図1-4　社会保障政策で見直しが必要なもの

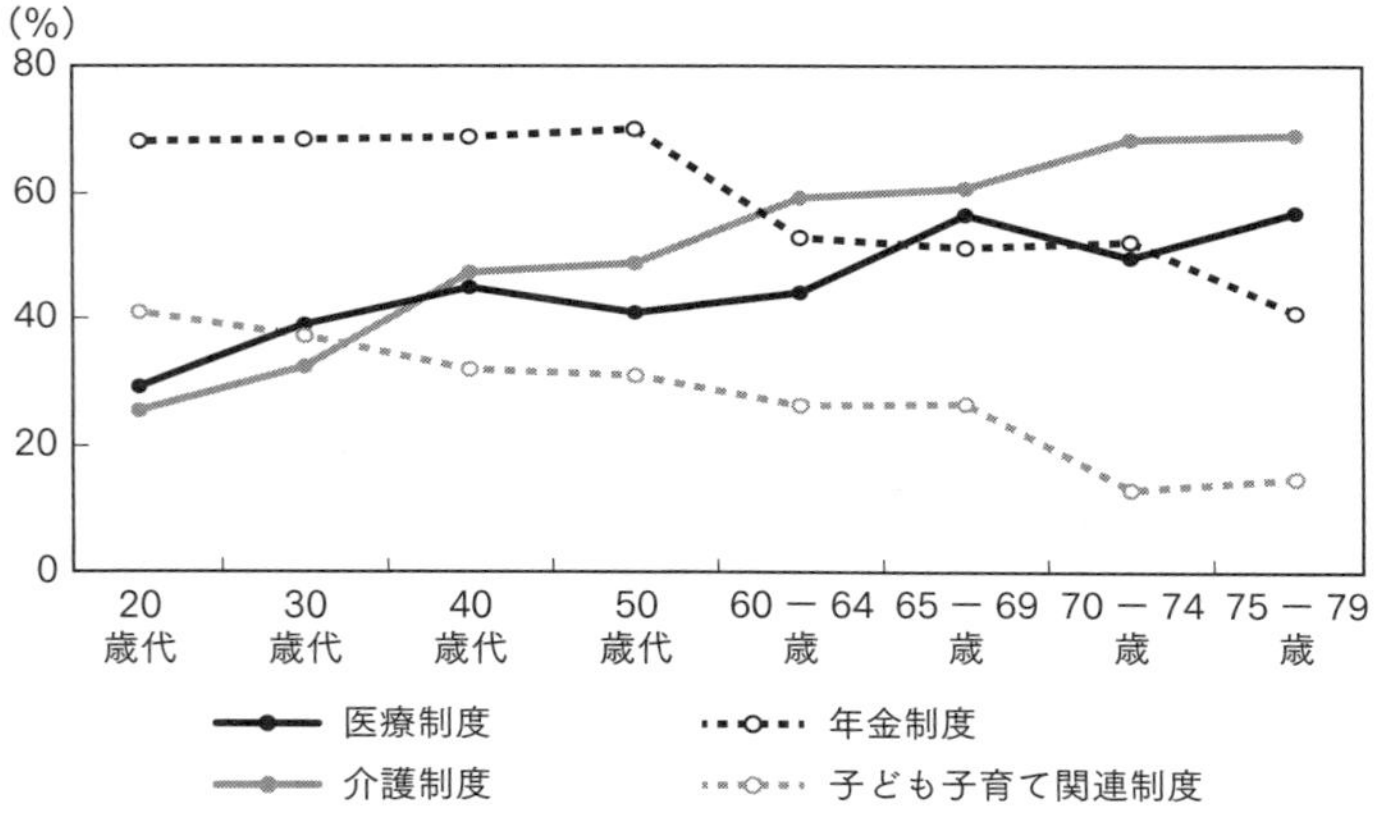

出所：厚生労働省「社会保障に関するアンケート」より作成
(https://www.mhlw.go.jp/stf/houdou/2r9852000001moj0.html)

子育てが終わった人から順番にいらないと言いはじめるわけです。

図1－4は緊急に見直しが必要なものを聞いています。医療と介護は年をとればとるほど、やっぱりみんな必要になっていきます。一方、年金はもらえるメドがついたら逃げきりモードになるのでしょうか、どうでもよくなるようです。そして、子育てにいたっては一直線に下がっていきます。

『ゆずり葉』という詩、みなさんは子どものときに習いました？

Eさん　うちの子の小学校でいま暗唱をやってます。

井手　先生たちにこのデータを見せてあげたいですよね。『ゆずり葉』というのは、ようするに、お年寄りは次の世代、若い人たちの幸せを願う存在だと。そして、自分から散っていくことで、次の新しい葉っぱに命をゆずっていく、ゆずり葉のようなものだと。でも現実には、僕たちが子どものころに教わった世界とはちがう世界になっているのです。

でも誤解しないでください。高齢者が浅ましいと言いたいのではありません。むしろ反対です。みなさんも見たことがあると思います。「高齢者が長生きすると日本が破綻する」とか、「若者は高齢者に仕える奴隷」といった、見るに耐えない本が公然と売られるようになりました。こんなのメチャクチャですよね。東洋経済さんも貢献していませんか？　大丈夫ですか？

世代間の争いをあおりたて、ビジネスにする人たちがあらわれた。この話もまた、『自助論』が飛ぶように売れた明治の話と相通じるものがありますよね。

図1－2を、もう一度、見てください。たしかに高齢者への給付は国際的にも手厚いです。でも、日本は高齢化率が1位だから、そうなるのはしかたないんです。むしろ先進国トップでないことに注目すべきだと僕は思います。介護だって、老人ホームだって、医療だってお金がかかるから。不安をかかえた高齢者は少なくありません。藤田孝典さんの書いた『下流老人』（朝日新書）が広く読まれた事実を見ても、それはわかるでしょう。

最後に確認しておきたいことがあります。

第四次安倍政権になってとうとう幼保の無償化、低所得層の大学授業料無償化に踏みきることになりました。さらにこれを消費税の増税でまかなおうとしました。これをどう見るべきでしょうか。これは勤労国家からの脱却という意味ではとても重要な変化です。と言いますか、さきのスウェーデン病、イギリス病を思いだしてください。あれほど批判していた社会民主主義的な福祉国家へと自民党が舵をきりつつあるわけです。

これは大切な問題なので、折に触れ、話していきたいと思っています。今日は、ひとまずここまでにしたいと思います。

【ディスカッション――第1講】

生活保護を選択すること

Fさん　ありがとうございました。井手さんが生活保護利用者へのバッシング問題を話されました。身につまされすぎて切なかったです。

私は東京で子どもを3人産んで、シングルマザーになって、すごく辛い経験をしました。主人のうちから逃げだして、子どもを3人抱えて、東京に実家はあるけど、そこにはもどれないという状況で、どうにか育てようと。どこか部屋を借りようと思ったんですが、結局、20件以上も断られました。

私が1人で働く。子どもが3人いる。前の主人からは何ももらわない。でも別居中だから母子の手当は出ない。離婚が決まるまではとにかく自力でやるしかありませんでした。お給料は、子どもが3人もいると、働ける時間が限られるので、十数万円でした。井手さんの言ったとおりです。

私が1人だったら、どんなにせまくてもいいですから、3、4万円で部屋を探せたと思うんです。でも、子どもが3人と言うと、「外国の方が見つけるよりも大変ですよ」なんて言われて、「申しわけない、うちはちょっと」と断られるわけです。

もちろんまったくないわけじゃありません。ただ、あっても鉄筋マンションなんです。子どもはうるさいものだという前提で、大家さんが嫌がるから。どこもだめで、私のお給料がそのときは16万円くらいだったんですが、やっとお願いして入ったところが、家賃だけで10万円だったんです。手当はひとつもなかったのに、です。

どうしてもくらしが立ちゆかない。そこで生活保護を利用させてもらいたいとお願いに行きました。いつまでもそれを利用する気はない、でもどうやってもいまの私にはムリです、と言って。悲しい記憶です。

この間、生活保護はない、家賃も高い、都営住宅もとれないだったので、夜のバイトをするしかありませんでした。昼間働いて、保育所に子どもを3人、それもちがう保育所に物じゃないのに置きに行く。1台の自転車に子どもを3人乗っけて、荷物もある。2人をおろして、一番下の子をまたちがう保育所に置いてから会社に行くんです。

夕方、仕事から戻ってきて、子どもと一緒にご飯を食べて、子どもを寝かしつけて10時くらいにスナックに行ってバイトをする。ところが、そういうときに限って子どもがみんなはしかにかかるんですよね。夜の仕事にも慣れられなかった。結局、心身ともに疲れ果てて、やめますみたいなことになりました。

結局、生活保護が決まりました。子どもがいて、私に出たのはそのときで16万円ぐらい。自力で働いても16万円、生活保護を受けても16万円。

プラスの収入があったとき、それで16万円を超えてしまえば、超えた分をかえさないといけません。だから生活保護を受けながら働く気にはなれません。おまけに、同じ金額と言っても、何かがあったときの保障が全然ちがいます。

生活保護を受けているときによかったのは、たとえば、医療なんかの心配がその間はなくなったことです。

ここなんです。私は、自分が生活保護費をもらって助けていただいたので、必ずそこから抜けだして、たくさんのお世話になった人たちに恩返しをしたかった。なんとか保護から抜けだしはしました。でも、そのときものすごく思ったことがあります。

生活保護を受けると、一度、いろんなものが全部無料になりますよね。医療費とか、年金の保険料とか。本来4万ぐらい払わなければいけないものがなくなっていて、16万円の保護費をもらっていたわけです。

だから、自分で16万円稼げるようになったからもういいです、自立します、となるかというとそうはならないのです。16万円からいままで無償だったものが全部引かれてしまうんですから。そうなると、ふつうは自立なんかできないです。

16万円もらってた人が急に30万円の仕事を見つける可能性は低いですよね。だから、まわりを見てると、保護を受けるのが怖い、受けたらもうそこから抜けられないんじゃないかという人ばかり。生活保護を喜んで受ける、遊んでくらす、そんな世界じゃない。ダメになるのが怖くて、申請になんか行けない、そんな人のほうが全然多いんじゃないかって私は感じるんです。

すみません、身の上話みたいになっちゃって。でも、だから思うんです。生活保護の金額って、もっとうまく設定できないもんなんでしょうか。一生懸命やって自立できたけど、結局、いろいろなもので苦労して、また頼るしかない状況になっていくという感じがします。いったいどういうふうに金額が設定されているんでしょうか。

現実と乖離した世帯モデル

井手　保護の基準は厚生労働大臣が決めることになっています。たとえば、その地域ごとの物価などを参照しながら、生活にかかるさまざまなお金を計算していくんですよね。その計算するときの基準も全部政令か省令かで決まっていたはずです。

Aさん　省令ですね。決めかたとしては、全世帯を10で割って、一番下の層の所得と比べるんです。そこを超えてはいけないというのがまずあるんですね。

標準世帯というのがあるんです。夫婦2人と子ども1人、この3人世帯という標準がまずあるんです。あとはいつも総務省が出している消費実態調査があります。これらをあわせて考えて、その地域ごとの金額を官僚がつくるんです。決定するのは厚生労働大臣というかたちなんですけどね。

Fさん　基準じたいをということですか。

ただ、この決めかたを変えようという動きもあります。

Aさん そうです。現代の世帯モデルに合わないから。

関連して、さっき井手さんが言った、今回5％生活扶助を下げるというのに使った指標が偽装だという批判も出ています。もともとは総務省が出している消費実態調査を使っていたんですけど、今回は厚労省がつくった消費実態調査を出してきたんです。

生活保護の人が一番影響を受けない財があるんです。それは買い換えが認められないようなテレビとかパソコンです。それらを持ちだしてきて、デフレでこれらの物価が下がってるのに、給付が多すぎるから下げますよ、なんてことを言うわけです。

保護利用者の人からしたら、少なくない人たちがテレビなんてまだブラウン管を使ってますという感じでしょう。デフレの恩恵なんて私らはなにも受けていませんよというのが実態なのに、恩恵を受けているでしょう、だから5％下げますね、ときます。

Eさん 僕は県の職員なんですが、僕から見てもおかしいと思います。基準になっているもとのほうは、ちょうど地デジでテレビの買い換えがすごく進んだ時期、つまり値段が高かったときの基準なんですよね。そこから3年後とか5年後を見て物価がこんなに落ちちゃっていると。だから、本当に切り取られたという感じがしてしまいます。

いまおっしゃったようなかたちで基準としてはあるんだけれども、結局、その基準にしたがって淡々と数字を出すというよりは、目標としてこのぐらいにしたいよねというのがまずあって、それに向かって数字をつくっていくという感は否めないな、と思います。これは役人の感覚ですけれど。

井手　適正化というときのなにが「適正」なのかということですよね。そして、その基準として財政健全化がどっしりと腰を落ちつけている。ようするに、支出を削りたいということがまずさきにきて、その観点から見たときに「適正」だと言われてしまう。それは「削る」ということが「正しい」という価値からはじまっています。

Cさん　あと、さきほどおっしゃっていたように、そういう人たちをたたきたい人たち、中間層に拍手してもらいたいって部分もあるのかもしれないですよね。

井手　ええ。だから、多くの人たちは、生活保護を切りさげるということを支持するんだと思います。ボーダーでもらえない、いや、もらいたくない人たち、そこに近いこと、近づくことをおそれている人たちの意識ですね。

生活保護は「受ける」もの？

Aさん　もとをたどれば、2013年から切りさげがはじまったというのは、2012年に自民党が公約に掲げて勝ったときに、10％さげますと書いちゃっているので、公約どおりいくのなら、あと5、6％ぐらいさげないといけなかったんです。しかも井手さんがおっしゃったように、中間層のガス抜きをしたい。うちらはあなたたちの味方ですよ、不正にやっているんやから、働かないやつはたたきますよ、と言って支持を集めている構図があったように思います。

井手 大変なやつはたくさんいるんだから、おまえも我慢しろよ、の世界です。大変ですね、大丈夫ですか、とならない社会。明らかにおかしいです。

Eさん 僕の解釈だと、「働かざる者食うべからず」って働かない人に向けて言ったものではなくて、もともと社長室でパターゴルフしているような人たちに働けと言ったんじゃないかと思うんですよね。なぜかその本意が伝わらず、働けない人は食べなくていいよという話にすりかわっている節があります。

井手 おっしゃるとおりです。聖書のなかにも同じようなフレーズがあるし、世界的に広めたのはレーニンだと言われています。彼によれば、「働かざる者」の意味は「貴族」と「怠惰な者」の両方なんですよね。

でも、多くの日本人は、「働かざる者食うべからず」の「働かざる者」に貴族、お金持ちは含めないのではないでしょうか。そうではなくて、まさに不正利用者のように、本当は働けるのに働いていない人、「働かざる者食うべからず」だから働けのように、困っている人を就労に追いこむときのフレーズとして使う人が多いように思います。

ただ、それはすりかわったというよりも、きょう話をしたような日本の歴史のなかから見ると、きっとそっちの解釈のほうが自然なような気がするんです。

Gさん 本来の意味とのちがいという点では、二宮尊徳の言っていた勤労とか分度って、日常生活のなかでつつましやかに、それぞれの生活をやっていくんだよという話で書いてあったような気がするんですけどね。

井手 それは大事な指摘ですね。その意味では中世の価値観がのっぺりといまにつながっているのではないでしょうし、戦時期、占領期の経験も無視できません。

Fさん 先ほど井手さんのお話のなかに生活保護を受けるべき人が受けていないという話がありました。理由は簡単。生活保護を受けるということを恥じているんですね。

でも、別に非国民なわけでもなんでもない。たまたまいろんな事情があって受けなければいけないときがあるわけで、堂々と受ければいいよと友人たちには言うんですが、生活保護を受けるということはプライドが許さないみたいな部分がある。みんなそうです。

Gさん 私はいま生活保護を利用しています。生活保護を「受ける」と言うじゃないですか。その時点で、やっぱり元利用者のFさんですら「勤労」の思想が入っている気がしました。私も言葉として「受ける」を使うときがあります。でも、気持ちとしては、それは「使う」ものだと思い、できるだけ「使わせてもらってます」と言ってます。「受ける」とみんな言うけど、それはいいんだよ、権利なんだよと言いたい。でも、そう言ったとき、人の世話になっておきながらという批判がでてきます。もちろん感謝の気持ちはあるんです。でも悲しい思いもいっぱいしました。使う人にはそれぞれの事情がありますす。感謝しているからといって「おまえ頭をさげろ」と言われるなら、それは怒られるかもしれないけれど、ちがうと言いたくなります。

もし、税でやらないとすれば、誰かが働けない人を面倒見ないといけないですよね。ヨーロッパでは、子どもから手がはなれれば、子どもたちは子どもたちで生きていって、親は親の老後を生きるというのがふつうなんでしょうが、老後が終わらないまま、親がそういう子どもの面倒も見ているようなパターンが日本ではかなりあります。

でも、その親でさえ、あんた、生活保護を使えばとは言わず、恥ずかしいから受けるのはやめなさいと言うんですよね。その根っこには、「働かざる者食うべからず」があるんだろうけど……これじゃあみんなが不幸になるんじゃないでしょうか。

井手　日本の公的サービスって名前からして上から目線ですよね。生活保護、介護、看護、何にでも「護」、つまり「まもってあげている」という言葉が入っています。養護なんて言葉もありましたけど、すごいですよね。やしない、まもるですから。言葉尻をとらえるつもりはないのですが、一つひとつに「やってあげている」というニュアンスを感じてしまいます。「権利」という発想がどうしても弱いと思うのです。

Bさん　日本人って権利の前に義務があるように感じるんですよね。本当に困っているから権利を使いたいんだけど、その前には必ず義務が発生するよ、みたいな。ここまでやったけどだめだったというのなら許すけど、義務も果たしていないくせに権利を使うなという。だから、勤労の義務と生存権がひとつになるのかもしれません。

Gさん　いま「自己責任」という考えかたが本当に強まっていて、その責任を果たしていないから権利までたどりつけない。それはうっすらではなくて、はっきりとどの人にもあると思うんです、いろんな場面で。生活保護だけに限らず。

井手　ヨーロッパを見て思うのは、「じつにうまく線引きをするな」ということです。ここまでは自分でやるべきことだから自己責任、この線の向こうは自分にはできないから、みんなで何とかしましょうというふうに。

この線の引きかたが日本人は異常に下手で、しかも、どんどん向こう側に線を引こうとして、全部自己責任でやろうとする。できずに破たんしたあげく、破たんした人は道徳的な失敗者あつかいをされる。俺はギリギリ踏ん張ってるんだ、という感じで。もうチキンレースです。ヨーロッパと比較して成熟していないと感じるのはそこなんですよね。みんなで支えあう領域から定義せずに、自己責任からまず定義して、消去法で公的領域をつくる。どれだけきつい思いをすれば気がすむんだ、と言いたいくらいです。

Bさん　だから人権なんかの意識もうすいのかもしれないですね。私もそうですけど。言葉でふわっと中学生の公民とかで習うけど、本当の意味がわからないというか。

井手　自己責任の領域とみんなでなんとかする領域、これらがきちんと区分けされれば、人間の権利ももっと明確になると思うんです。だって、みんなで支えあう領域がハッキリしていれば、その領域で人びとの命やくらしが保障されていくわけですから。

でも、日本はその境界線があいまいで、雑な感じがするんですよね。権利を侵害されているわけじゃない。だけど、その権利がふつう想定される状況には置かれていない。社会に頼っていいのか、いけないのかわからない、グレーな人たち、歯を食いしばっている人たちがたくさんいる、と言えばいいでしょうか。

置き去りにされた人たちの叫び

さっき『自助論』の話をしたじゃないですか。これが明治期に爆発的に売れたというのが僕にはすごくわかるんです。みなさんはいかがでしたか？

江戸時代は村請制。何だこの村と思いながら、自分の力で生きていける大多数の人たちは怒りをためこんでいったわけですね。でも、その村請制がなくなって、さあ地租改正です、自分で税金を払いましょうとなったとたん、自己責任論に共感する人が大勢いるという話、すごくしっくりきませんか？　明治期って社会システムの変動期ですよね。みんな不安でいっぱいだったはずです。

江戸時代は270年近くつづきました。でも明治がはじまってまだ150年です。人権思想の本格輸入が戦後だとすれば、まだ75年。輸入された思想が定着するまでの時間よりも、怒りをためこんだ時間のほうが圧倒的に長い。しかも、時代が混乱すれば、当然、誰かの権利よりも自分のくらしが優先になる。輸入ものはダメというより、まだまだ時間が足りないのかもしれないし、時代状況の問題もありますよね。

時代をつかまえる、と言いますか……いま売れる本って「置き去りにされた人たち」の心に迫る本だと思うんです。自己啓発本、ヘイト本、日本礼賛本、お金もうけ本。これらの本がいつも本屋さんの入り口に平積みで置かれてますよね。

承認欲求、認めて欲しい、わかって欲しいという熱のようなものを強く感じます。政治とか運動に置き去りにされている人たち、遠目で「俺が困ってるのはそこじゃないんだよ」という感じで眺めている人たち、その思いをどこが引き取るのか、です。

だから、ポピュリズムが出てくるんですよね。よくポピュリズムと全体主義がごちゃまぜにされますが、民主主義を否定する、破壊する全体主義とちがって、ポピュリズムは民主主義の枠のなかでの「ゆがんだ意思表明」ですよね。

トランプはポピュリズムだ、だめだと言いますが、大勢の人びとが置き去りにされていて、その人たちの心をつかんだから多数をとって大統領になったわけです。それを頭ごなしに否定していたら、民主主義の否定に近づく。あるいは選民思想というか、それはまちがい、僕らは正しいとやってる限り、多数派の心はどんどんはなれていく。

ただ僕は、ポピュリズムがのぞましい方法だとは思わない。ここに苦しさがある。僕は、ポピュリズムが受け入れられる理由、機能する時代状況、前提条件みたいなものにもっと目を向ける必要があると思います。そこをうまくつかみ取れていない既存政党の限界とか、リベラルや左派の限界みたいなものにもです。そこからスタートしたい。

システム転換期にスマイルズの『自助論』が売れた、権利の前に義務がきたということをもっと直視しないといけないと思います。いまというシステム転換期には、この「権利よりもまず義務がくる」という社会構造にメスを入れないといけないのです。

Cさん 日本の左派やリベラルは、みずから『自助論』を選んでいるところがあると思います。私の母はまずしい家庭に育ちましたが、いわゆる優等生でした。勉強できて、18歳で高卒の公務員試験に受かって、大学の夜間部にかよって、という。

ところが、自分の「正しい」生きかたを娘の私に教えようとするわけです。「低いところに行かないで」と言うんです。何が低いかというと、現場で技術を持って働く人たちは「低い」から、そちらには行かないで、と。ようは「人には施す」立場にならなければいけないと言うんです。それってすごいダブルスタンダードですよね。私には平等であれ、人に寛容であれと言うけど、当の本人は「あなたは低いほうには行かないで」と。

Bさん される側にはまわるなと。

Cさん そうです。だから、離婚のときにもそれを言われて、離婚したら低い側に行くわけでしょう。「絶対だめ」と言われて。それが離婚をしてはいけない理由なんですよ。

そういうダブルスタンダードがずっと苦しくて、どうやってそこから外れるかが私の人生の最大の課題みたいになってました。途中からそれが離婚する動機にすらなっていました。結婚を自分で破たんさせないとその束縛から自由になれない、みたいな。

少し話がずれましたね（笑）。でも、一方では助けてやれと言うじゃないですか。他方では助けられる側にまわるなと言うでしょう。まずしい人の人権をとか言いながら、自分の子どもは高い塾に行かせる、みたいな。そのダブルスタンダードからすれば、権利の大事さを訴えつつも、自己責任や義務論に共感してしまう、権利の行使には違和感をもつみたいな「ねじれ」が生まれるのも自然かもしれません。

Bさん　ダブルスタンダードって、ようはホンネとタテマエですよね。タテマエは平等と言っているけど、自分の子どもはちがう階級に行かせようとするホンネもある。だけど、このホンネがこのごろ「むき出しに」なってる感じがします。

私の場合、いままでは世間一般のイメージがあって、そことうまく距離だけをとっておけば何となく自分の位置が定まっていたんだけど、最近は、ほかの人がわからなくなっちゃうみたいな感じがするんです。だから自分の居場所もわからない。

井手　自分の居場所が感覚的にわからなければ、客観的な指標や基準で自分を評価するしかなくなりますよね。その典型が年収。勝ち組なんて言葉が広まったのもそれが理由かもしれません。

Bさん　だから、「そういう人もいるかもしれないけど、俺だって頑張ってきたからいまこうなれてるんだ」「この人たちは、たまたま運が悪かったかもしれないけど、じつは頑張らなかったからなんじゃないか」みたいに、ザクッと切りはなせちゃう感じが強まってる気がして怖いんですよね。

「普通の生活」ができなくなった社会

子どもの教育を考えるときに、たとえば、メチャクチャ勉強させて有名大学に入れようとしたとしますよね。私は専業主婦で、夫はそれなりの稼ぎがあったから、すごく熱心にやれば、うちの子どもさえいい学校へ行ければと思ってました。そこにあったのは「いい大学に行けばあとは安心」というイメージです。

でも、よくよく考えてみると、その子どもが本当に一生安泰にくらせるのかというと、私が子どものときに頑張ったときと可能性や意味が全然ちがうな、と。

体感的には、私の時代には、勝ち組と言われる人が４割ぐらいいて、６割ぐらいの人がふつうか、それ以下みたいな感じだったと思います。でも、いまって１割とか５％ぐらいしか勝ち組になれないんじゃないでしょうか。

だから、そうか、いくら子どもに勉強させても確実には幸せになれないなって感じたり、その子が仮に5％に入れたとしても、社会がすさんでいたら町の中は夜歩いて帰れないんじゃないか、とてもネガティブに考えるようになったんですよね。

井手 大事な点ですよね。慶応の学生との会話なんですが、僕が若いときは「30歳で1000万」なんて平気で言ってたんですよ。国家公務員、会計士があって、資格を取れないとき、商社に行く、証券に行く、都銀に行く、しようがねえな、30で1000万だし、みたいな生意気なこと言っていたわけです。それはスタンダードでした。

でも、いまの学生に聞くと、30「代」で700万、800万っていう妙にリアルな答えがかえってくるんです。この金額だと、自分は人生かけて受験勉強やって慶応に来たのに、年収これ？ 子ども3人産むなんてムリゲーだし、みたいな現実を突きつけられるわけです。僕のころから25年もたってるのに、ですよ。

学生もどうしたらいいんだろうって本当に悩んでるんですよね。悩んで、結局、自主的に留年する子とか、休学する子とかどんどん出てくる。飲み会で涙ぐんでる……っていうか、号泣する子もいるくらいです。

Dさん 800万円なんて、全然、いいじゃないですか（笑）。ぶっちゃけ、一生我慢すれば何とかなるじゃなくて、本当にリストラにあうし、正社員なんて高嶺の花だし。

みなさんのお話にもあったように、自分の仕事がら、ボーダーにいる人は本当にしんどそうに見えます。中間層で、どうにかローンで家を買って、それを細々かえしている40代、50代の人たちがいます。あがれないけど、さがりもしない。そこはいいんです。この層からちょい下あたりの人たちが心を病んでいる場合がすごく多いんですよね。結婚してパートナーに支えてもらえているとか、家族の支えがあればまだ救われます。でも、30～40代独身の人は本当にしんどそうに見えます。

別に結婚することが美徳でも何でもないんですけど、この30～40代の人たちが20年後ももし独身のままなら、本当に孤独なひとりぐらしの人が増えていくわけですよね。一人だから何とか自分の生活を支えていけるし、生活保護を「使う」こともなくいられるんだけど、それこそ貯金はできないという人たちがいて。

井手　そこですよね。『アメリカを動かす「ホワイト・ワーキング・クラス」という人々』（集英社）っていう本があって、ああ、そうなんだと思ったことがありました。よく「アメリカンドリーム」みたいな言いかたをするじゃないですか。だけど、当のアメリカでさえ、アメリカンドリームなんてほとんどの人にはないんですよね。日々、平凡にみんな生きているわけです。当たり前かもしれませんけれど。

そのときに、まさに中間層やボーダーよりうえにいる人たちがどこに喜びを見いだしてきたかというと、朝から晩まで一生懸命働いて、自分が家族を養っていて、子どもを大学に行かせたり、マイホームを買ったり、地域のコミュニティ活動に入って人の役に立ったりということで、自分のサクセスストーリーをつくっていくんだそうです。

スターになって大金持ちになるというのがアメリカンドリームではないのです。自分なりのアメリカンドリームをつくっていくわけです。ところが、その人たちのくらしが不安定化して、ささやかな自前の夢物語がつくれなくなったときの絶望感というのは、本当に大変なものらしく、この人たちがトランプを支持したと著者は言っています。

日本もそうでしょう？　以前なら当たり前だった、自分の家を持つ、家族とともに生きる、子どもを一人前に育てあげ、老後は孫に囲まれてくらすみたいな、そんな「自己実現した」という実感が持てない社会になっているんですよね。

Dさんも言ったように、別に結婚するかどうかの問題じゃないんです。サクセスストーリーの前提には、社会の価値観や基準がありますよね。これまでの価値観や基準が手の届かない世界になったときに、どうやれば僕らは自己肯定感をもてるのでしょうか。

安倍政権が支持される理由

Aさん　勤労して、貯めこんで、自分の力で生きていく。でもそれができなくなり、夢物語もつくれない。なのになんでみんな自民党を支持するんでしょう？

どう見たって労働の分配率はさがってるし、税の再分配もできてないし、どんどん社会保険料もあがっているじゃないですか。介護保険の負担ももう少しで20歳からになり、障がい者福祉を巻きこんだものに統合されるかもしれない。いま、介護保険料は平均で7000円ぐらいだと思いますが、あっという間に1万いくらとかになっていく。そうすると、また給料が減るんですね。

井手さんがおっしゃったように、勤労したって生活が不安なのはみなさんたぶん実体験でわかっているはずなのに、何で自民党を支持するのかが僕にはさっぱり……。

Cさん　やっぱりほかにないからじゃないですか（笑）。

あと、一番わかりやすいのは、田舎で公務員以外で職に就こうと思ったら、自民党系の企業ばっかりなんですよね。そのなかでもいまは、介護の会社が一番入りやすいんですよ。正社員として働きやすい。みんなそこに行く。会社がつぶれたら困るので自民党に入れるというのはすごくわかりやすく、ものすごく見かける光景です。

井手 勤労と分度、自己責任の社会じゃないですか。この社会を前提にする限り、所得を増やす以外に不安解消の方法はないですよね。この社会が前提だったら、所得が増えて貯蓄できるようになります、ということでしか、未来は描けないじゃないですか。

でもいつも講演で聞くんですけど、野党が――立憲でも、共産でも、国民でも何でもいいですよ――政権をとったときに、アベノミクス以上のことをやって、安倍さんより経済成長させられると思う人はいますか、と聞くと、手をあげる人はほぼゼロなんです。リベラル支持者を相手に講演してるのにです。これが国民の感覚でしょう。

みなさんもそうでしょう？ 野党が政権をとったら経済が成長すると思っている人はいますか？ だから、この社会が前提になっている以上は、アベノミクスということをやられちゃうと、あれ以上のものはない、結果は出てなくても野党よりはましだ、そうなるんじゃないですか？

Bさん あとは、単純にちゃんと経済を語ってるかというのがあると思うんです。私は野党を応援してて、市民運動にも関心がありますけど、対案以前の問題というか、自分たちがそこを言いたくないみたいな、そこを言っちゃうと同じ穴のムジナじゃないかみたいな、よくわからないプライドみたいのもあったりして……。

井手　対案を言いたくないんですか？　なんかすごい話ですね。

Bさん　経済を語るのが恥ずかしいみたいな。おカネのことを言ったら恥ずかしいみたいな雰囲気はかなりあるように思うんです。

みんなが持っている価値観もひっくるめて「現実」ってありますよね。一足飛びに「理想」にたどりつくなんて、みんなが平等になりますなんて無理だから、手前からやっていこうとする。これってふつうの感覚じゃないですか。

でも、運動している人たちを見ていると、彼らにはものすごい高い理想があるから、話をすると「50年先には」なんて言われちゃうんですよ。そこで止まってしまうんです。自分のまわりがそうなだけかもしれないけど……。

野党共闘はそれがもろに出ている感じがします。お金の話をするといやらしいみたいなところがあるから、自分たちの利益じゃなくて、本当に困っている人から何とかしましょうみたいなところをまず左派が言いだします。

これはいいんです。でも、その人たちと一緒にやらなければいけないリベラルの人たちがいて、本当は微妙にちがう。もっと中間層目線だったりするし、お金の話が大事っていうのもわかってる。でも、やっぱり引きずられちゃうんですよね。突飛なことは言えなくて、結局、こっちにちょっと、あっちにちょっと遠慮しながら話す。もうそうなると、共産党や社民党の反対している消費増税なんてとても言えないという雰囲気になる。

本当に忙しい人、有権者の大部分なんて、こんな内輪の「気づかい」なんて、気にとめてもいないですよね。だから、野党共闘とは言うけど、感覚はやっぱり世間様とはだいぶちがってるし、スピードが足りないんじゃないでしょうか。

私は職場で高齢者のボランティアに入っている人たちと話をしますが、ボランティアって昔の感覚ではリベラルだけど、彼らは朝日じゃなく読売を読んでますもの（笑）。そんなズレすら気づけずに野党共闘と言っても、コップのなかの話ですよね、やっぱり。

Eさん それ、すごいわかります。ふつうの人からすると、政治が有権者からかけはなれちゃったんじゃないかという気がするんですね。行政とか政治とかというのが全然自分に身近じゃない。

私が地方自治の現場にいるからかもしれないですけど、自分の感覚では、一番身近なところ、市議会選挙、市長選挙というのは投票率がすごく高くて、国政はちょっと減っていくのかなという感覚なんだけど、実際は逆。やっぱり国政のほうが高くて、身近なところというのはあまり……。

結局、国がいろいろ決めちゃうから投票率は高いけど、国の動きは自分とあまり関係がないですからね。そこでみんな決めちゃっていて。投票には行くけど、やっぱり置き去りにされているんだという感じが強まると思うんですね。

Gさん　自分の1票が生きない感じがすごくしますよね。特定の人のための国政が動いていて、私には変えられないんだというあきらめた感じなんじゃないですかね。

Eさん　あと、民意と言うんだけど、弱者切り捨て、生活保護引きさげ、それだけを問うて果たして切りさげが勝つかというと、そうはならないような気がするんですよね。パッケージになっちゃっているので。見えないところにコッソリとしのびこませて、民意を語るというパターンがあるような気がします。

井手　たしかにそうですね。「民意」ってあっさり僕も言っちゃいましたけど、これはよくなかったです。僕の同僚の坂井豊貴くんに教わったんですけど、たとえば、アメリカの大統領選でジョージ・W・ブッシュが最初に勝ったとき、ゴアのほかに、ネーダーという第三の候補が出てきたんです。

ブッシュ、ゴアで、ゴアが勝つだろうと言われていたのに、あるとき、ネーダーという第三の候補がふわっと出てきて、その人がゴアの票を食っちゃって、結局、ブッシュが勝ってしまいます。じゃあ民意って何でしょう。結果的にはブッシュの意見が民意ということになりますが、ネーダーがいる、いないで変わる民意って何なのでしょうか。

Cさん その民意なんですけど、すごく細かいところで見ると、私の住んでるところの市議選なんかは80％近い投票率なんですよ。Eさんの住むところとは反対で。だって、くらしのお金の流れが生き死にと密接にからんでるから。誰が通るかで、自分のくらしがすごく変わるから。左派の人たちはよく分配政策として、みんなにおカネを配りましょうと言うじゃないですか。ベーシックインカムですね。あれも同じだと思うんですよね。やっぱり具体的に現ナマが見えるのは強いと思うからでしょう。

井手 そこですよね。財源問題は僕の『幸福の増税論』（岩波新書）という本でも書きましたが、第3講で改めてやりましょう。

「働くこと」を定義し直す

Gさん それにしても、働くことを強いられる社会と聞いて、この社会はやっぱり働くことが前提なんだなというのを改めて感じています。

Dさん その働くというのも、お給料になる、お金になる仕事のことしか言わない。

井手 金銭的な価値尺度で生産が測られるということですよね。たとえば障がい者の場合、お金を効率的に生まないから働かせてもらえないなんてことがありますよね。それは明らかにおかしいけれど、ここでも「働かざる者……」の世界がある。

でも、勤労は義務なんだ、ではなく、働くことはそれじたいに価値があるという社会へと変わっていけばどうでしょう。金銭的な価値尺度や必要ではなく、その価値ある労働のために、障がい者にも「働く権利を保障しなければならない」という時代がやってくるはずです。どうやってその変化の道筋をつくっていくのか、ですよね。

Aさん　でも、2019年度から障がい者の分野は、働けない人は居場所が失われるという制度設計にいきなり変わるので、4月以降かなり危うい状況になります。

就労継続支援事業には、家にいるよりも外に出てこられることに意義がある、少しみんなと会話したり、仲間をつくったり、一緒に作業をしたりというのと、雇用契約結んで、給料もらってというのとあるんですけど、どっちもお金を稼ぐ事業所でなかったら報酬をあげませんというふうになるんです。

Gさん　事業所じたいが、売りあげがなければだめということですか。

Aさん　そうです。ようは一般企業になれと。うちはパン屋なんですけど、いま、パンは売れようが売れまいが、通所者の方が来て、そこで楽しく過ごしてくれるとうちの法人にも報酬が入る仕組みなんですね。それが変わってしまうんです。

井手 障がい者の労働にも分断のくさびを打ちこみ、彼らを就労に追いこもうとしているように見えてしまいますよね。でも、なぜそういう方向に行くのか、なぜそれを人々が受けいれるのかということを、きょう僕たちは考えてきたんだと思います。

さきほどスウェーデンの話をしました。働くことに価値がある社会では、働けないことはとても気の毒なこと。そうすると、働くことのできない人は、怠けている人ではなくて、働く権利を持った人、そして当然、社会全体で何とかすべき人になるわけですよね。

生きるために働くんだ、つらくても勤労しなければならないのだ、となると、働けない人でさえ憎くなる。だから、働くことは価値のあることなんだ、障がいがあろうとなかろうと働く機会を権利として保障しよう、としたいわけです。このちがいなんです。ケインズ政策の柱に完全雇用というのがありますが、「なぜ完全雇用が大事なのか」で、同じケインズ政策の意味も、重みも全然ちがってくる。

これは幻想か。空理空論か。ちがいます。現実にヨーロッパにはこうした発想を制度に活かしている国がある。じゃあ約束の地をめざそうと言えばいいのか。これもちがう。なぜ彼らにできて、僕らにできないのか。僕らの社会の構造や歴史に切りこまないと謎は解けないと思います。

Bさん 私だって肩身がせまいもの。専業主婦ってすごくバカにされますよ。

Cさん　でも、専業主婦ほどすごいものはない。

Bさん　それはすごいタテマエ（笑）。働く女性からはすごくバカにされてる。

井手　そこですよ、そこ。「働くということ」をどうやって定義しなおすか。そういう根源、根っこから考えるのがラディカルであって、過激なことをいうだけがラディカルではないはずです。あと3回。本物のラディカルをめざしましょう。

第2講

僕たちの社会は変わってしまった

〜大転換する日本経済

なぜ日本経済はくすぶりつづけたのか

井手　こんばんは。きょうは「日本社会大転換」という話をしたいと思います。

　社会が変わったとしたら、いまある仕組みを変えなければなりません。ですが、最近、分析もせずに、歴史から何かを学ぼうともせずに、あれを変えろ、これをなくせというような乱暴な議論が幅を利かせてしまっています。

　処方箋を書こうと思ったら診断が必要です。診断もせずに出された処方箋を持って、みなさんは薬を買いに行きますか？　ですから、今回は、前回お話しした「勤労国家」の何が、どんなふうに変わったのかという話をしていきます。

　今日来てくださってるみなさん、年齢に多少の幅がありますが、それぞれに、１９９０年代の後半には、変化の兆しであれ、リアルな変化であれ、何かを感じていた時代かもしれないですね。

Cさん　ありますね。

Bさん　あるある。

井手 ちょっと待ってください。あとでじっくりうかがいますから（笑）。

まずはデータを見てみましょう。1997年から98年というのは、ありとあらゆるデータが大きく動いている年なんです。なんでこのことをみんな問題にしないのだろうと思うくらい、日本社会が根底から揺らいでいます。少し広くとって90年代の後半と言ってしまえば、日本社会の転換期だと言ってまずまちがいないのではないでしょうか。

僕の言う勤労国家とは、とにかく勤労して、身の丈で生きて、貯蓄して、ようするに「政府の支援はほどほどにして、自己責任で生きていきなさい」という福祉国家のかたちでした。プラスこれを支えてきたのが、専業主婦だったり、企業だったり、コミュニティだったりしたわけですよね。

「奥さん」が子育てを引き取り、おじいちゃん、おばあちゃんの面倒も見ていたから、政府は福祉に力を注がなくてよかった。企業も法定外福利費というかたちで、病院とか、定期健診とか、社宅とか、行政サービスと同様のものを提供してきました。

さらに言えば、コミュニティや地域のきずなが、たとえば消防団とか、自警団とか、あるいは民生委員さん、児童委員さんが政府の機能を分担してきた。だから、日本は先進国きっての「小さな政府」でやってこれたわけです。

大前提は収入が安定していることですよね。でないと、貯蓄もへったくれもないわけですから。収入が安定しないと、自己責任で生きていけるわけがありません。ところが、1990年代の後半、まさに97年から98年にかけて所得が減りはじめてしまいます。失われた10年が20年になり、30年になりつつあるわけですが、何でバブル崩壊後の90年代、日本はずっとくすぶりつづけたのか、この辺から考えてみたいと思います。

日本経済はなぜ衰退したのか

まずはバブル経済の後遺症からです。バランスシート不況って聞いたことありますか？ちょっと難しいかもしれませんね。

バブルのころ、1987年から90年くらいのころって、銀行は不動産を担保にとって企業にお金を貸していました。不動産の価値があがりましたから、担保の価値もどんどんどんどんあがっていきます。だから銀行はさらにお金を貸しました。すると投資がさらに投資をよんで不動産の価値がまたあがる。同じメカニズムは株でも働いています。個人や企業の含み益が発生し、資産価値の上昇と融資の増大が連鎖的に起こりました。

ところが、バブルがはじけてしまうと、不動産であれ、株であれ、資産価値はどんどんさがっていきます。銀行にしてみれば、預かってる担保が貸している金に見あわないじゃないかという話で、追加の担保を求めていくようになっていきます。

お金を貸した会社がつぶれる。自分たちの持っていた株や土地などの資産が値さがりする。融資が焦げつく「不良債権」が社会問題になったのをみなさんも覚えてるかもしれません。銀行も、当然、お金を貸すのを嫌がるようになっていきます。いわゆる貸し渋りの問題です。これもなつかしい言葉ですね。

一方、追加の担保を出させられる企業は企業で、借金を控えるようになっていきました。いままでは借金してでも設備投資をやっていたのに、バランスシートを改善させるため、反対に設備投資をあきらめてでも借金を返す、という状況に変わったわけです。

景気は当然悪くなります。これがバランスシート不況です。いわば、バブルの負の遺産に、バランスシートの改善に、日本経済は苦しみつづけたということです。

次にグローバリゼーションの問題を取りあげましょう。

ＢＩＳ規制という規制が１９９３年３月期決算からはじまりました。自己資本比率を８％以上にしなさい、そうしないと国際的な金融取引をさせません、という「グローバルスタンダード」が入ってくるんですね。国内の取引についてもこれを４％以上にしなさいと。これは日本にだけ適用された項目で、ジャパン・バッシングだとも言われました。

自己資本比率って総資産に占める自己資本の割合なんです。分母に総資産、分子に自己資本をとるんです。自己資本が多いということは、借金に頼っていない手元の資本がたくさんあるということ。健全な経営をしていると見られるわけです。

ところが、ここで本末転倒な動きが起きてくる。自己資本比率を8％以上にしなければならなかったんですが、銀行は自己資本を増やすのが大変だから、分母を小さくしようとしたのです。分母が小さくなっていけば、割り算でいう比率は大きくなっていきますよね。つまり、資産のなかの貸し付けを減らしていったわけです。

困ったのは中小企業です。銀行は財務力の弱いところから貸し付けを減らしていきました。ですから、１９９０年代の後半になると中小企業がいち早く、借り入れではなく、現金の収支や手元の資金の流れを重視するキャッシュフロー経営に変わっていきます。

大企業がよく現金を貯めこんでいるという批判がありますが、これをやりはじめたのは中小企業だったんですね。大企業に波及していくのはその数年後のことです。

借金ではなく、自己資金で設備投資をやるようになっていくと、自分でお金を生みださなければなりません。気づきました？　そう、だから企業は人件費を削りはじめたわけです。そうしないと手元にお金が残らないですから。もちろんこれも、経済に対してマイナスの影響を与えることになります。

もうひとつあるのは国際会計基準の問題。さっきキャッシュフロー経営と言いましたけど、国際的な会計基準を日本にも適用するという話がとくに1990年代後半に活発化します。そして、企業の経営状況を判断する際に、キャッシュフローが重視されるようになりました。

実際、欧米では「総資本利益率」や「自己資本利益率」と呼ばれる指標が企業の価値を左右するようになっていました。こまかい話は今日はやめましょう。ようするに、その期の「純利益」が判断材料となったわけです。

当期純利益は内部留保に配当を足したものですから、内部留保を増やす、つまり借入れをせず、手元の現金で資金を調達していくと、これらの利益率がふくらむことになります。だからここでも人件費の削減圧力が働くこととなります。これもまた、経済に対してマイナスのインパクトを与えることになったわけです。

勤労国家とデフレスパイラル

銀行は金を貸さない。企業も銀行に頼らずに、人件費を削って、自分の身の丈で設備投資を行うようになる。図2－1と図2－2を見てください。1990年代の後半にこうした傾向が明確になっていることがわかると思います。

バブルの負の遺産、そしてグローバリゼーションの圧力にさらされた僕たちは、収入が減っていくから消費を控えるようになった。おまけに勤労国家のもとでは、将来へのそなえは自己責任だから、貯蓄を維持するためにますます消費をおさえるしかない。こうしてデフレが起きたわけです。デフレは原因というより将来不安の結果なのです。

兆候は1994～95年くらいからあったと言われていますが、それが明確になったのが98～99年あたりです。

物価がさがると企業の収益は減りますよね。売る商品の値段がさがっていくわけですから。だから、企業はますます人件費を削らなければいけなくなるし、そうするとますます消費はおさえられ、物価はさがります。これがいわゆるデフレスパイラルです。

しかも物の値段がさがるということは、反対から見れば、お金の価値があがるということですから、借金の実質的な負担が増えていく。そうなれば、企業はいっそう債務の返済を急ぐでしょうし、輪をかけて人件費の削減が求められてくるでしょう。

さらには、銀行からの融資がむずかしい、物価があがらないとなれば、企業は収益確保にも自信がもてない、だから、運転資金にくわえ、将来不安へのそなえのため、企業自身

図2-1　金融機関借入金

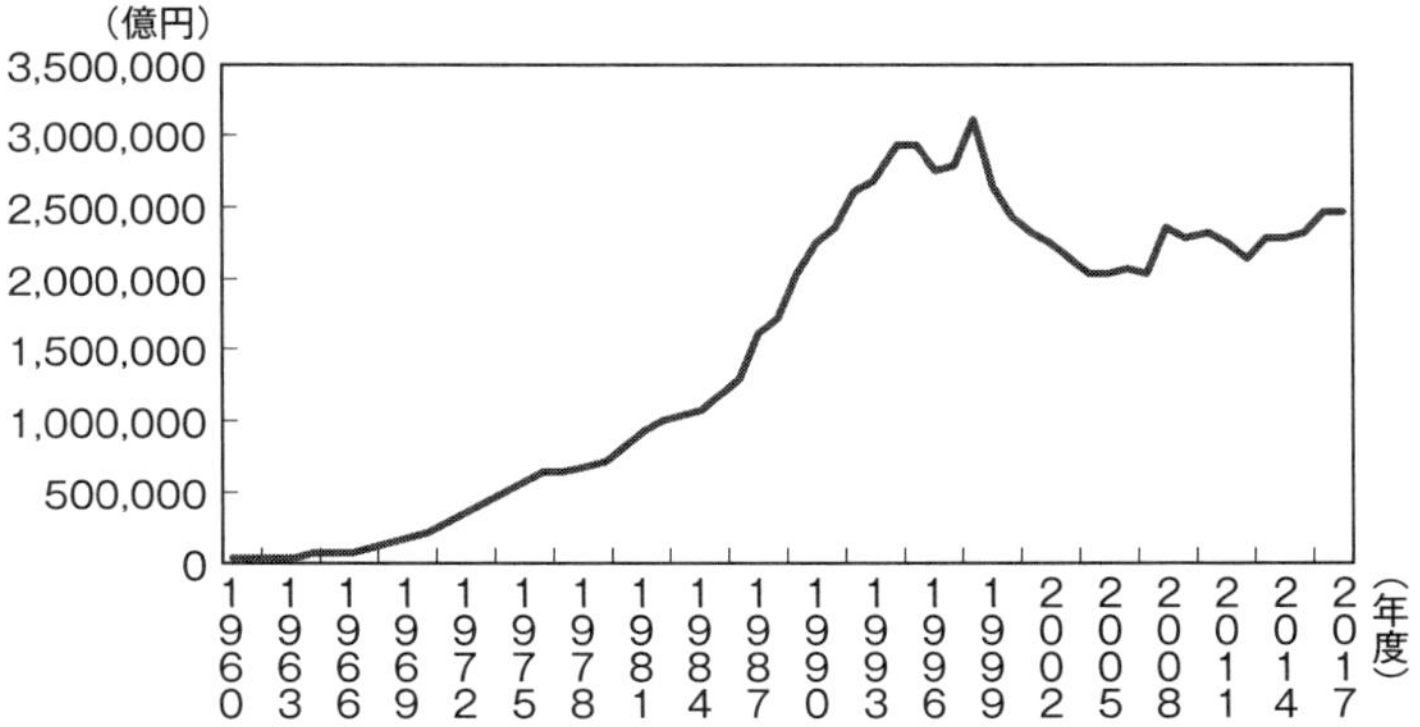

出所：財務省総合政策研究所「法人企業統計調査」より作成

図2-2　企業の設備投資額

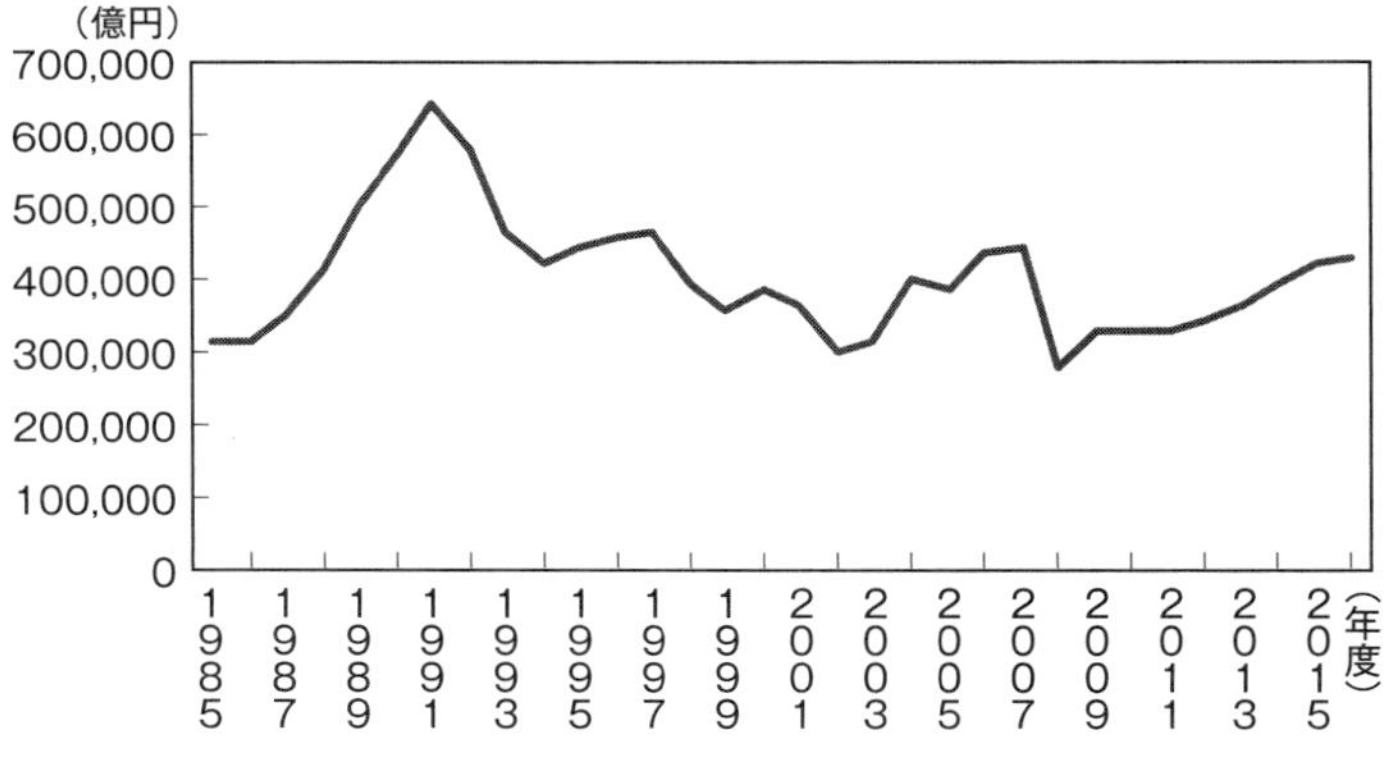

出所：財務省総合政策研究所「法人企業統計調査」より作成
注. ソフトウェアを除く設備投資。金融業、保険業以外の全産業

もさらに現金、預金を増やそうという動きを強める。ここでも人件費は減るわけです。

結局のところ、勤労国家というのは、成長と物価の上昇を前提とした福祉国家モデルだったのです。だからこそ、オイルショック後の不況、バブル崩壊後の長期停滞、そのどちらでも、政府は死に物狂いになり、借金を雪だるま式に増やしてでも、景気対策に全力をあげたわけです。

もちろん、どの国だって景気が悪くなれば景気対策はやります。しかし、オイルショック後の1970年代、バブル崩壊後の1990年代、この時期の景気対策は世界の経済史上まれに見る財政出動でした。しかもその手法は「所得減税」と「公共事業」。まさに勤労国家のなごりだったというべきでしょう。

さて、そこまでやって人件費を削って、必死になって収益を確保して企業は頑張っていたのに、1990年代と2000年代におどろくほどに円高が起きました。そうすると企業のコスト削減努力は一発で吹っ飛んでしまいます。

ここはちょっと難しいでしょうか。

Gさん　わかるような、わからないような……。

井手　了解です。人件費を削って商品の値段をさげましたよね。たとえば、いままでこの水をつくるのに100円かかっていたけれど、給料をさげて50円で売れるようにした。そうすれば国際競争力は高まります。安い値段で外国に売れるからです。

ところが、1ドル100円が50円になれば、つまり、円高になれば、結局、売値は1ドルのまま。安くなったはずの部分が、円高で吹っ飛んでしまった計算です。

円高になると輸出が減ると言いますよね。本当は生産設備がかなり海外に出ているので、この議論はあやしい点もあるのですが、実際問題として、1990年から95年ぐらいの前半で3割ぐらい円高になっていました。

1998年から2010年ぐらいにかけても、また3割ぐらい円高になっています。頑張っても、頑張っても、国際競争力はあがりませんという泥沼に日本企業は巻きこまれてしまったわけです。

日本経済の転換点、1997年

かたい話はこれくらいにしましょう。

図2-3を見てください。これは本当に衝撃的な図です。

ゼロよりもうえが「資金余剰」といって、貯蓄できますという状況です。ゼロよりした

図2-3　日本経済の大転換　～98年以降、企業は資金余剰に

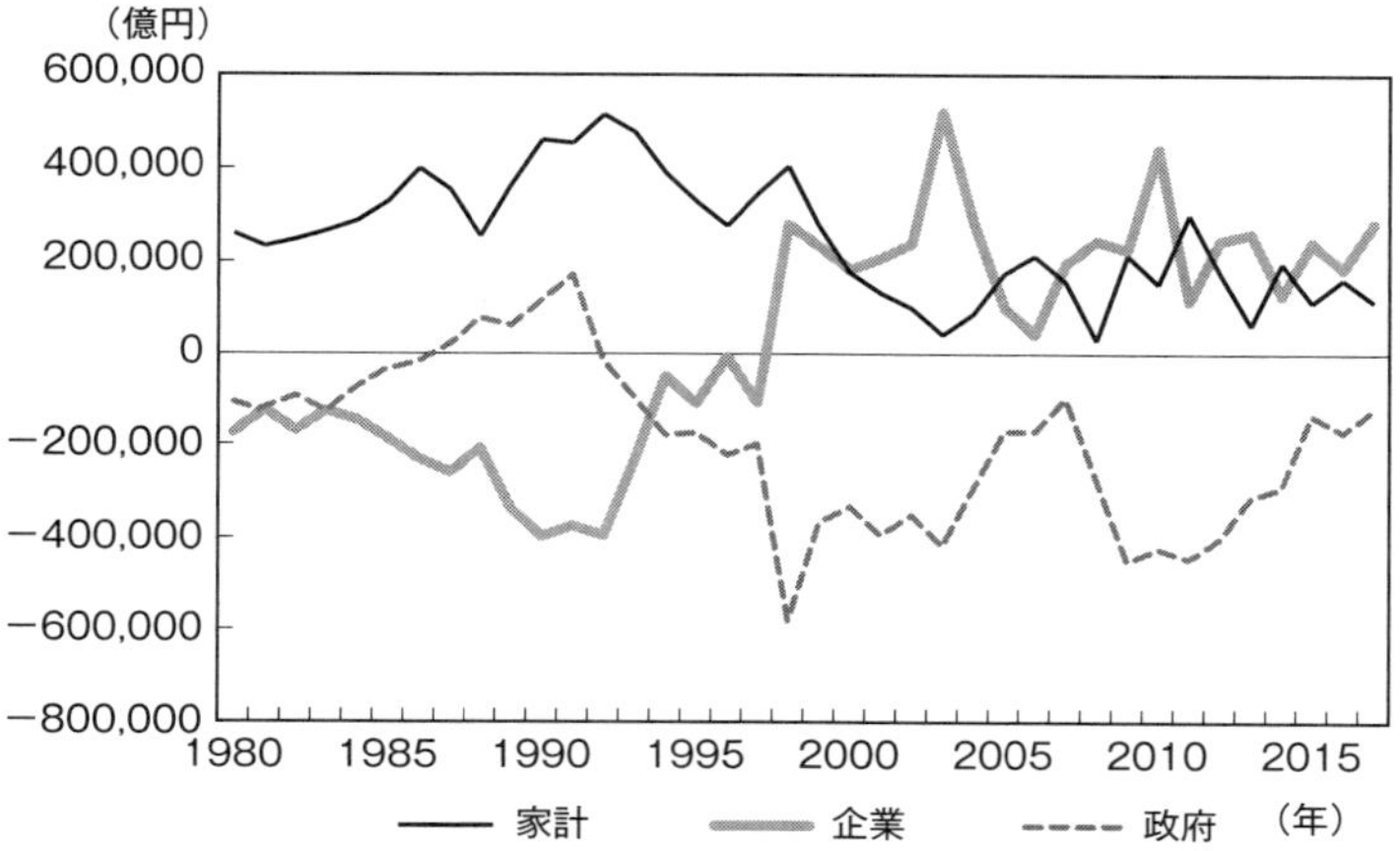

出所：日本銀行「資金循環統計」より作成

が「資金不足」で、貯蓄できません、借金しますということです。一目でわかるでしょう。そう1990年代の後半、とりわけ97～98年にマクロの資金循環、お金の流れが変わったんです。ここで日本経済の歴史が変わったんです。

それまでは、家計、つまりみなさんが働いて銀行にお金を貯めていました。銀行はそれを元手に企業にお金を貸しつけて、企業は設備投資をしていたんです。これは、明治以来つづいてきた、日本経済の基本的なお金のまわりかたでした。

ところが、1990年代の後半から企業は借金を減らし、98年にとうとう貯蓄する側にまわってしまいました。これは歴史的な大転換でした。

もちろん、人件費が削られれば家計の貯蓄率は落ちていきます。みなさんが貯蓄をして銀行をとおして会社にお金を貸すというモデルから、みなさんが貧乏になるかわりに企業が貯蓄して、これを投資にまわすというモデルに変わったわけです。

ここ、注意してください。この変化は企業の「資金調達」の変化なんです。企業はそれまで借金して投資をしていましたが、自分の内部留保で投資するようになりました。その変化を示しているということです。

お金を貯めこんだように見えるかもしれませんが、企業が銀行から借金してまで投資をする体力がなくなっているとも見れますし、内部留保を減らせという批判は、投資を減らせという主張と裏表でもあります。もし、企業が投資を減らせば、それは経済の失速や賃金の下落とむすびつくかもしれません。

それともうひとつ。もう一度、図2－3を見てください。マクロで見ると、企業と家計が貯蓄していますが、ここでだぶついたお金がどこに行ったかというと、政府に向かったわけです。政府が借金まみれになったことは問題ですが、国全体では企業と家計の貯蓄が政府に貸付をしてバランスしている、ということになります。

ただ、みなさんの給与が削られて、企業が銀行にお金を貯めこんで、そのお金を使って銀行が国債を買うという流れをどう考えるかという問題は残ります。

みなさんが税を払わずに貯蓄したとする。そのお金は、銀行を経由して結局政府に行く。つまり税を払うのと資金の流れは同じになるわけです。

ただし大きなちがいがあります。銀行経由の場合、巨額の国債の利払い費が政府から銀行に流れこむということです。消費税をつうじてまずしい人たちも税を払っていますが、そのお金が銀行に流れこんでしまうという所得「逆」再分配をどう考えるか。この点は次回議論したいと思います。ぜひ覚えておいてください。

僕たちはまずしくなった

どうですか？　１９９７年から98年にかけて日本経済の様子が一変したことは伝わりましたか？　さらにつづけて別のデータも見てみましょう。

１９９７年をピークに落ちていくのは可処分所得、税引き後の手取りです。非正規雇用が増えはじめるのもこのころからです。この結果、年収でいうと、世帯収入で３００万未満の人たちが34％、４００万未満の人が47％という状況が生まれてしまいました。この変化をあらわしたのが図２－４です。

図2-4　所得の分布状況

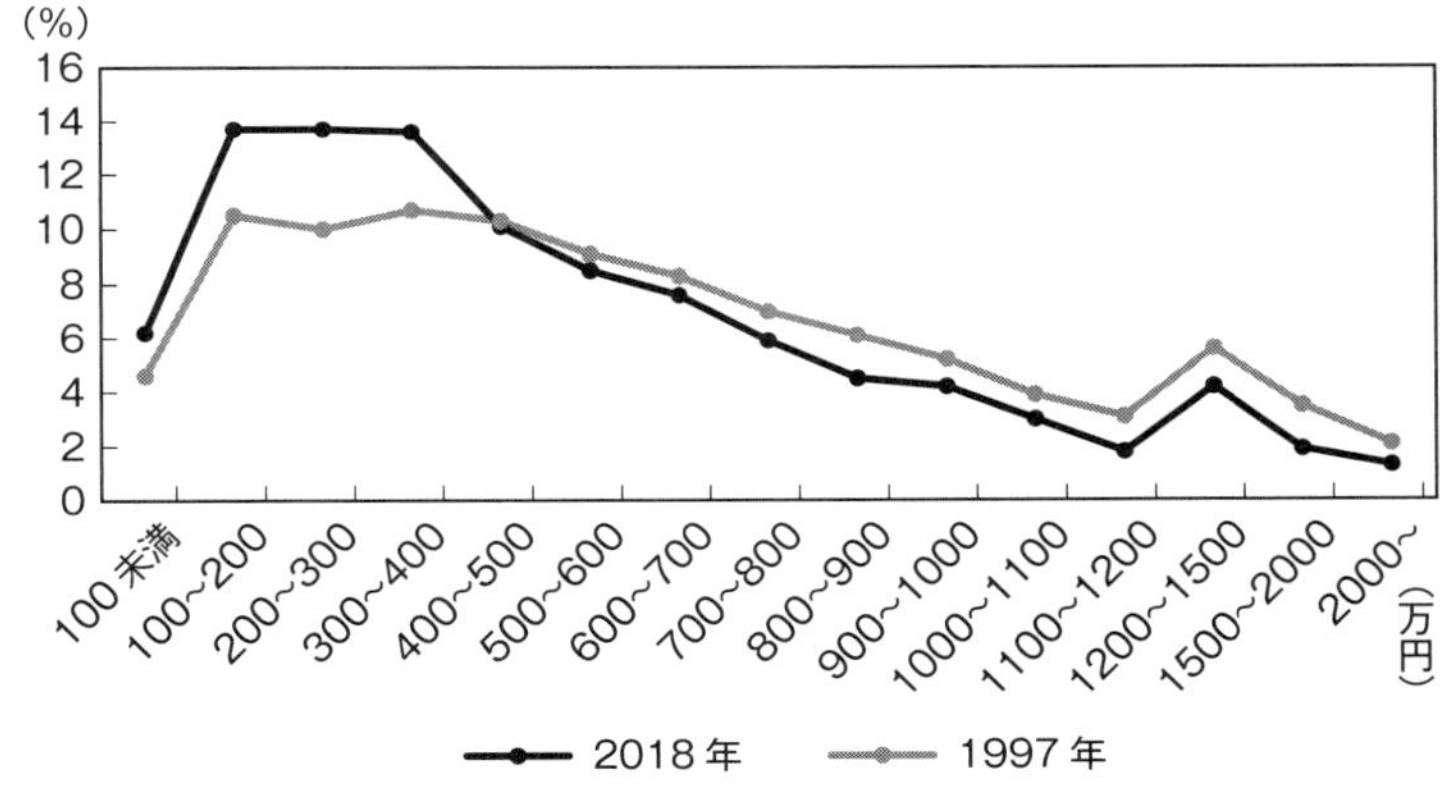

出所：厚生労働省「国民生活基礎調査」より作成

世帯収入400万円ってどんな感じでしょうか。

まずここで言ってるのは「世帯」です。専業主婦世帯の数はそれまでも減っていたのですが、その動きが2000年くらいから加速します。以後、共稼ぎ世帯数が専業主婦世帯数を完全に上まわっていきます。

つまり、お父さん、お母さんが2人で働くようになったのに、世帯の収入が落ちたわけです。ちなみに勤労者世帯の月収ベースを見ると、いまだに1997年のピーク時、つまり、いまから22年前の実収入に遠くおよばないというのが現状です。

世帯収入400万円とは言いますが、ここから税が引かれます。そうすると、だいたい手取りで340万円前後になります。みなさんの感覚で、このくらいの年収で、子どもを2〜3人産んで、大学行かせて、家を買って、老後にそなえてってできますか？

Bさん 絶対ムリだと思います。

井手 ですよね。僕もそう思います。どう考えてもむずかしい、という人たちが全体の47％を占めている社会なんです。少子化になるのも当然です。

もう少し丁寧に言っておきます。高齢化が進んでいますから、子育ての心配はいらない人たちも増えています。それでも状況は悲観的です。

金融広報中央委員会の調査を見ます。老後のくらし、最低でいくら必要だと思いますかと聞くと、340〜360万円というんですね。プラス預貯金が2000万円。さっきの340万円前後というのは、高齢者もふくめて安心できる水準とは言いがたい。こういう人たちが全体の5割近い社会ってどう思います？

Bさん 終わってる。

井手 あ、僕には言えないことを（笑）。まだつづきます。勤労国家とは「貯蓄ができないと生きていけない社会」だと言いました。そしてまた、1997年をピークにつるべ落としのように減っていったのが家計貯蓄率です。

2013年でマイナスになっていて、2014年で一応0・7％というところまであがって、いまは2%くらいでしょうか。かつては先進国最高の貯蓄率を誇っていたのにゼロ近くまでさがってしまったのです。1年間で入ってくるお金があって、出ていくお金があって、それがほぼトントンだ、ということです。きびしいですよね。

内閣府の「国民経済計算」を見ると、貯蓄ゼロ世帯が15・6%と言われています。みなさん、どうですか？　これを聞いて多いと思いますか？

Bさん　もっといそう。

井手　ですよね。僕も、もっと多いと思ったんです。貯蓄ゼロが15・6%、これでもかなりきついと思いますが、実際にはもっといる気がしました。

これ、聞きかたがよくないのです。まじめな人たちは、貯金が100円でもあったら「貯蓄ゼロ」ではない、「貯蓄あり」だと答えそうな気がします。

実際そうなのです。講義で学生に「貯蓄ある人」と聞きます。するとわらわらと手があがります。なんだ慶応生、感じ悪いぞと思ったんですが（笑）、よく聞くとこういう答えがかえってきます。「ありますよ。先週親から仕送りもらったから」。いやいや、こっちが聞きたいのはそういうことじゃないから、と（笑）。

さきほど見た金融広報中央委員会、これは日銀に事務局を置いている組織なんですが、すごくいい聞きかたをしてくれています。

老後のそなえとしての貯蓄はありますか、資産運用のための貯蓄はありますかと聞いているのです。日々の出し入れの貯蓄はやめてください、とはっきり言っています。すると、2人以上世帯の3割、ひとりぐらし世帯の5割が貯蓄ゼロという恐ろしい回答が出てくるわけです。これはじつにまずい状況だと思います。

95歳まで生きると老後の資金が2000万円不足するという金融庁の報告書が問題になってましたよね。でも、その報告書が正しかろうと、まちがってようと、いずれにせよ状況はとてもきびしいと言うほかないわけです。

社会を覆い尽くした無力感

目線を変えましょう。おもしろいことに、経済が大きく変わっていたときに、人びとの政治意識も変化していました。

NHK放送文化研究所の調査を見てみます。残念ながら5年ごとにとっているデータなので、あまり正確なことは言えないんですが、選挙、デモ、世論がどれぐらい政治に影響を与えているかを尋ねた質問があります。いわゆる政治的有効性感覚調査です。

これも聞きかたがあまりよくないです。「かなり反映されている」、「まあまあ反映されている」、「少しは反映されている」、そして最後に1個だけ「全く反映されない」ときますから。「反映されている」と言わせたいのかなとかんぐってしまいますが（笑）、そのなかで「全く反映されない」と答える人が、1998年を境に、選挙、デモ、世論のいずれでも大きく増えてしまうのです。

ちなみに、支持なし層と呼ばれる人たちもこの時期に増えています。同じ調査で「どの政党を支持しますか」と聞いているのですが、それまでも一応増加傾向にはありましたが、やっぱり1998年で支持なし層がめだって増えているのです。

思えば、1990年代の半ばは、政府関係の汚職が相次いだ時期でした。運輸省、厚生省、防衛庁、大蔵省、日銀、キャリア官僚の逮捕は、戦後はじめてだったんじゃないでしょうか。おまけに大臣や総裁も辞職するという騒ぎにまで発展しました。「大蔵省・日銀接待汚職」をみなさんはご存知ですか？

Cさん　「ノーパンしゃぶしゃぶ事件」ですよね。

井手　それ、言っちゃいますか。今日ははげしいな（笑）、若い人はわかります？

Dさん　何となく聞いたことある……と言うと恥ずかしい気も（笑）。

井手　防衛庁の背任事件、関空汚職、薬害エイズ、特養汚職、泉井事件、そしてさっきの

図2-5　自殺者の推移（自殺統計）

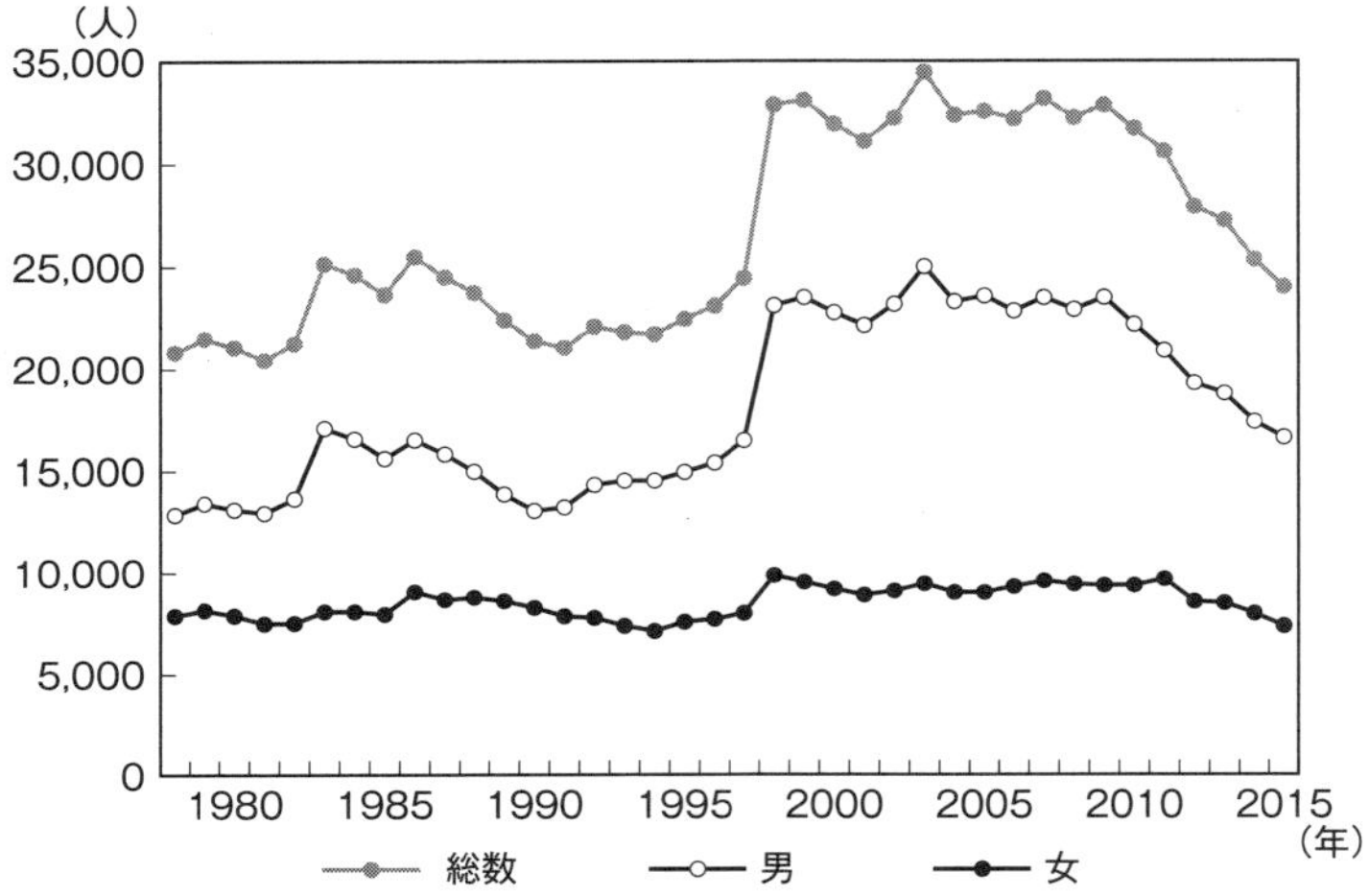

資料：警察庁「自殺統計」より厚生労働省自殺対策推進室作成
出所：https://www.mhlw.go.jp/wp/hakusyo/jisatsu/16/dl/1-01.pdf

事件と、１９９０年代半ば以降、スキャンダルが連発しているんですよね。バブルの終わりごろ、政界、官界、ＮＴＴを巻きこんだ大スキャンダルがありました。リクルート事件です。そしてそれから数年たってこのさわぎですから。政治的な不信感が強まったのもしかたないことなのかもしれません。

　経済が変わり、政治への意識が変わったとき、恐ろしい変化が起きます。それは自殺率の増大です。図２-５を見てください。まさに大ジャンプです。１９９７年から98年にかけて、約２４０００人から３３０００人に自殺者数が急増したんです。

少しこまかく見てみますと、男の人の自殺率だけが急激に増えていて、しかも、40代、50代、60代の自殺率があがってるんですよね。

ここはとても重要なポイントだと思います。雇用の不安定化とともに命を絶ったのは、40代から60代の男性だったんです。おそらくはお子さんやパートナーのいた男性が亡くなったということですよね。

勤労国家とは、勤労や倹約、分度といった通俗道徳が根底にある福祉国家です。反対に言えば、勤労し、倹約し、貯蓄をし、家族の将来の不安のために自己責任でそなえる。男性が自分の腕一本で金を稼いで、マイホームを手にし、嫁を食わせ、子どもたちを社会に送りだす。そうしてはじめて一人前、そうしてはじめて「自尊感情」をもてたし、社会からも「承認」してもらえる社会だったということです。

解雇されたり、正社員の地位をうばわれたりする。所得が落ちはじめ、貯蓄が難しくなる。男性労働者は将来不安におびえ、自尊感情も社会の居場所も失ってしまう。その結果、愛する家族のもとにかえるのではなく、命を絶つという最悪の選択を余儀なくされる。わかりますか？　これが僕の言う「勤労国家の逆回転」です。

高度経済成長期、あるいは国が借金をして減税をし、公共事業をし、人びとの所得を支えられた時代、ようするにうまくまわっていた、なんとかまわせていた時代はそれでよかったのかもしれません。でも、いよいよそれがまわらなくなった。さあ、どうする、どんな社会をつくるんだ、ということが問われたわけです。いまからもう30年以上も昔に。

余談ですが、最近になって自殺率がさがってます。これはとてもいいことです。でも、「だからもう大丈夫」という話には絶対になりません。ここは気をつけてください。

まず、いい長さ自殺者が3万人を超える状況が続いた結果、大勢の人が年金受給者になった。言いかたはよくないですが、なんとか生き延びた人たちがもう死ななくてよくなった、ということです。

また、1997年、98年当時の10代、20代の人たちは自己防衛を図り、そもそも家庭を持たなくなったという点も大事です。これは少子化とむすびつく問題です。

さらに気になるのは若者の死因の1位が自殺だということ。ふつうは若者の死因の1位は事故ですが、日本は自殺なんです。これは異常なことです。あと自殺率は世界で18番目。OECD加盟国に限定して言えば依然として7位という高さです。自殺者数が減っているなんて誇らしげに語っている場合じゃないと思います。

親密さの低下

1997〜98年が区切りではありませんが、ひとつ重要な変化があります。それは親密度の低下です。

これは「なんでも相談できる関係ですか」という問いに対して「はい、そうです」と答えた人の割合をとったものです。親戚、職場、ご近所さんのいずれで見ても、調査の開始時からずっとさがってきました。親戚よりも職場の親密度のほうが平均して高いというのはいかにも日本的ですが……。

以上は、日本の社会を支えてきたコミュニティ機能が弱ってきたことを示唆しています。勤労国家を支えた土壌のひとつがここでも揺らいでいるわけです。

コミュニティは政府の機能を補完していたと言いました。地域コミュニティが弱っていけば警察や消防などの役割を住民が担うことは難しくなりますし、職場で家族的な関係がなくなっていけば、当然、医療や住宅等をつうじた労働者への支援もゆるんでいくでしょう。これらは、政府の果たすべき役割が大きくなっていかざるをえない、ということを暗に示しています。

もうひとつ、社会の価値観について見ておきたいと思います。結婚した女性が職を持ちつづけることについてどう思いますかと聞いたときに、子どもができても職はつづけるほうがよいと答えた人の割合がずいぶんと増えました。昔は2割くらいしか賛成者はいなかったのが、いまでは6割近くになっています。

これは男性の人権意識が高まった結果でしょうか。それもあるでしょうが、女性が働きにでないと生活が維持できないからという単純な理由かもしれません。

Bさん　あとは女性の進学率が変わったからじゃないでしょうか。四年制大学に入る人の割合が、1987年、13・6%と聞いて腰が抜けるぐらいびっくりしたんです。だからやっぱり……。

井手　いまでは5割ですものね。それもあるでしょう。

ただ気をつけておきたいのは、女性の就労が増えたと言っても、かなりの割合が非正規だということです。もし進学が理由だったら、もっと正規雇用の比率があがってもいい気がします。非正規の割合があがっているというのは、「家計の足し」として働きに行く女性が増えているということでもあります。

結局、両方あるんでしょう。進学率があがってエリートカップルが増え、女性の就労が当然視されている面と、男性の収入だけではやっていけない面、いまだに家計の補完にとどまっている面と。むろんいずれにせよ、子どもの数は減りますけれど。

このように社会の価値観は大きく変わったのです。女性は家庭に、ではなく、子どもができても働いたほうがいいという社会に変わったということです。勤労国家の前提はここでも揺らいでいる。子育て介護は女の仕事、ではもうもたないのです。

最後に、企業のサポートですが、社会保険料の事業主負担と別に、社員のために社宅を準備したり、病院をつくったり、社員食堂をつくったりってやっていた部分、法定外福利費ですが、これも1996～97年あたりを境にして落ちていきます。企業ももう助けてくれなくなったということです。

残念なデータがあります。人件費などの労働コストを見てみます。法定外福利費はその一部ですが、日本の場合、労働コストの2・4％しか占めていないのです。あの高福祉で知られるスウェーデンですら8％ありますから、企業は社員のくらしを支える力も意欲もなくしてしまったのです。

日本経済はかつての力を失った

どうでしょう。僕たちは、気づかないうちに「新しい時代」を生きていたわけです。それを一言で言えば、「成長なき時代」です。

そもそもの話、経済学的に言うと、成長を決めるファクターは明確なんです。ひとつ目は労働力人口、働く人口が増えること、あるいは生産年齢人口が増えること、15歳から64歳の人口が増えること。だけど、これらは減るに決まっていますよね。人口がものすごいスピードで減るわけですから。下手したらピーク時から4割人口が減るという推計すら出ています。

悲しいかな、人口推計ほどあてになる推計はないと言われています。どんなに僕らが頑張って子どもをつくったとしても、その子どもたちが子どもを産める、働けるようになるには20年ぐらいかかりますから、そう簡単に労働力人口は増えません。

そこで外国人労働者の受け入れが問題になるわけですが、実際には、それどころか、移民の受け入れというところまで足を踏み入れないと根本的な解決にはなりません。

ただこれはじつにハードルが高いです。

ひとつには、僕たちは人種的に多様な社会になじみのない人が多い。現実に、それぞれの地域では文化摩擦のようなものが起きはじめています。神社の境内で酒を飲みながら爆音で外国人が音楽を聴いているなんて話、日常茶飯事です。

外国の人たちも別に悪気があってやってるわけではありません。きちんと話せばわかってもらえるでしょう。でも、このきちんと話すというのが非常にハードルが高い。お互いの文化を理解しあうことに慣れていないのは、僕たちの深刻な課題です。

もうひとつ、移民が本当に来てくれるのか、という意外な問題もあります。ヨーロッパになぜあれほどの移民が来たかというと、植民地時代の経験があって、言葉がつうじたからです。アルジェリアだったらフランス語、ガーナだったら英語というように。

では反対に、日本語をしゃべれるアジアの人たちがどれくらいいるのでしょうか。しかも、日本だけじゃなく、中国も韓国も少子高齢化が加速します。どの国でも人材不足になったとき、本当に他の国の人たちが日本を選んでくれるのでしょうか。「日本に来てくれるというだけでもありがたい」という話になるかもしれません。だけど、ヘイトスピーチはもちろん、外国人労働者に対するケアの不十分さを見ても、日本は本当に外国人に冷たい国だと感じてしまいます。ここをどう乗り越えるのかが問われます。

成長を支えるふたつ目の要因は、設備投資です。でもこれも増やすのが難しい。なぜなら、１９９０年代後半から２０００年代にかけて、企業が生産設備を海外に移してしまったわけですから。実際、アベノミクスでこれだけ頑張っても１９８０年代終わり頃の設備投資水準に追いつけていません。30年以上前だというのに、です。

第三の要因は労働生産性。日本はもともと労働生産性が低いのですが、サービス産業化がすすんだこともあって、状況は依然として深刻です。

ちょっと思考実験をしてみましょう。

ロボットを導入して生産性を高めるとします。製造業、たとえば自動車産業はこれによって、大胆に人手を減らすことに成功しました。

ではサービス業はどうでしょう。たとえば介護の事業所で機械の補助具を使っておじいちゃん、おばあちゃんをベッドにのせられるようになったとします。これでどれくらい人を減らせるでしょうか。これでどれくらい作業が効率化するでしょうか。

もっと単純な想定をしましょう。お肉をご飯のうえにのせて提供する、ビールをジョッキについでお客さんに運ぶ、これでどれくらい付加価値が生まれるでしょうか。

どんなに大事な仕事でも、付加価値を生まない労働に高いお給料は払えません。だから賃金がさがる。付加価値が生まれにくいから高い値段はつけられない。だから同じ数の労働者により多くの仕事を求めるようになる。ブラック企業化です。これが現実ではないでしょうか。

人間を相手にするサービス業が増えていくと、平均的に労働生産性はさがっていくんです。ご存知でしょうか。サービス産業化が進んでいった結果、世界的に労働生産性が落ちています。そのなかでも日本はサービス産業化が遅れていたから、急速にキャッチアップしていて、その分、急速に賃金がさがっているわけです。

結局のところ残る希望はたったひとつ、イノベーションです。ですから、経済学の本を読むと、東洋経済さんにもそんな本がたくさんあると思うんですが、みんな最後はイノベーション、イノベーションなんです。

もちろん可能性はあります。スティーブ・ジョブズとビル・ゲイツみたいな人が明日いきなり日本に誕生するかもしれません。可能性を否定することは誰にもできません。ダイナミックなイノベーションが連鎖的に起きるかもしれません。

でも人類の歴史を見てください。戦後の高度経済成長を支えたのは第二次産業革命だったと言われていますが、この歴史的、革命的なイノベーションのダイナミズムが起きても、それが人びとのくらしをかえ、経済成長を生みだすのに50年以上かかりました。起きるかどうかわからないものに、起きてもその結果にばく大な時間がかかるものに、僕たちの未来を託すのが正しい方法なのか、いい加減まじめに考えるべきではないでしょうか。政治としても無責任だと思います。イノベーションをほのめかして、社会改革を先送りするのは。このままでは徹底的に経済が弱るまで身動きがとれなくなるでしょう。

勤労国家の大前提である経済成長、少なくとも日本の福祉国家ができたときと同じような水準で経済が成長するのは難しい時代になりました。そして、１９９７～98年に僕たちの社会はおどろくほど変わってしまいました。それなのに僕らはいまだにアベノミクスだ、いやボトムアップだと言ってさわいでいる状況です。

僕が新しい政策の束を示したときにも言われました。イデノミクスなんて。そうじゃないでしょっていう気分でした。かつてのような経済成長がしんどい時代にいるのに、いまだに何とかミクスと言いながら成長を追い求めようとする僕たち。それで本当にいいのか、ということが問われているのです。

アベノミクスをどう評価するのか

答えは第３講で話します。すみません、じらすようで（笑）。でも、その前に、アベノ

図2-6　日本の経済成長率の推移

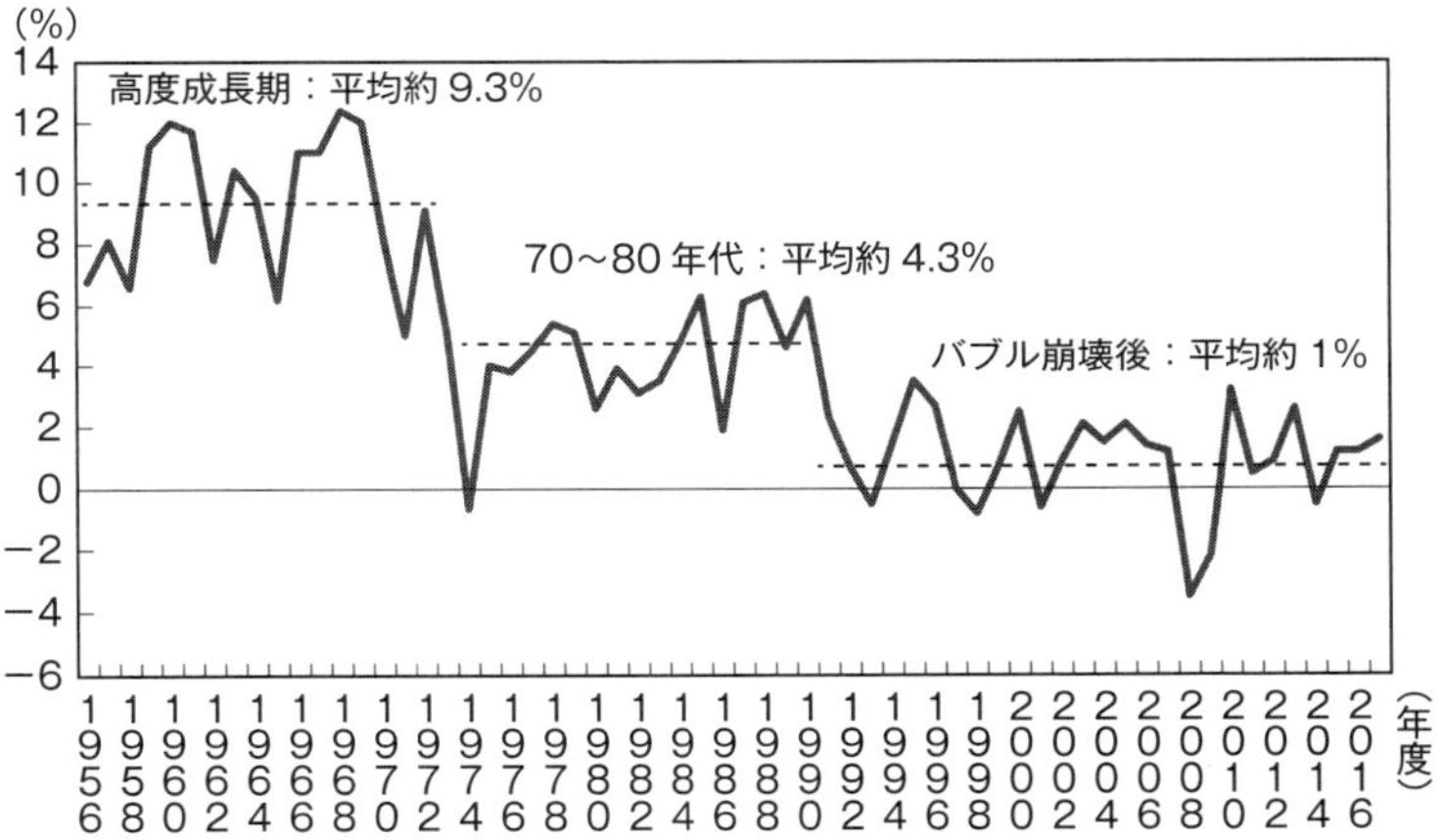

出所：「国民経済計算」より作成

ミクスがなぜこんなに注目されたのか、みなさんと考えておきたいのです。

図2－6を見てください。これは実質値ですが、高度経済成長期に平均9・3％あった経済成長率が、オイルショックからバブル期にかけて4・3％に減って、バブル崩壊後は1％に落ちているのがわかります。

経済成長率は高度経済成長期の10分の1に減ってるんです。ふつうに考えて、経済成長を前提にした社会の設計のしかた、つまり勤労国家という福祉国家モデルではもうムリだということがわかると思います。

潜在成長率という言葉を知っていますか？　中長期的に見て、どれぐらい日本経済に成長する体力があるかということですが、内閣府であれ、日銀であれ、シンクタンクであれ、ゼロ%台後半という試算結果をだしているのをよく見かけます。

第二次安倍政権ではGDPの基準を変えました。計算のしかたを変えたんです。供給サイドのファクターを増やしました。ですから、設備投資が増える、研究開発投資が増える、それらが経済成長率にいい影響を与えるようになったわけです。

それでも中長期的にはゼロ%台後半しか成長しないというわけです。改定する前はゼロ%台「半ば」と言っていたのですが、それが「後半」に変わった。それでどれだけ未来が明るくなるというんでしょう。これが現実です。

2020年に東京オリパラ、2025年に大阪万博、お祭り騒ぎでワッショイワッショイという雰囲気です。最近、すっかり定着した「インバウンド」も含めて、お祭りや外国人に頼らないと維持できない経済を僕たちはどう考えるべきなのでしょうか。

しかもそれが「成長戦略」だと言われはじめてます。発展途上国のような発想になりはじめている気がしてなりません。そのことにどれだけの人たちが気づいているのか。

第二次安倍政権はとてもラッキーだったと思います。空前かつ、おそらく絶後のダイナミックな経済政策をやっただけではなく、五輪景気がこれに重なりました。おまけにアメリカでは100カ月を超える好景気でした。アベノミクスの効果以前に、世界経済が好調だったという事実があるわけです。それでも、6年間で1・2％しか成長していませんから、1％というバブル崩壊後の平均値とほとんど変わらないわけです。

でもここでの目的はアベノミクス批判ではありません。統計不正が問題になっているから自信をもって言えませんし、開始から6年も経ってようやくという気もしますが、2018年には勤労者世帯の実収入が大きく増えているのです。アベノミクスに効果があろうがなかろうが、所得の伸びはそれなりに起きたわけです。

ですが、さきほども言ったように、どんなに所得が増えた、増えたと言っても、1997年という、いまから20年以上昔の勤労者世帯の所得と比べても、まだそれに届いていないという現実があるわけです。これをどう考えるかということですよね。

簡単な試算をしてみましょう。

第二次安倍政権の6年間で平均1・3％ほど勤労者世帯の収入が増えていました。難しいのは2018年に収入が急増しましたから、2017年までだと0・6％しか増えていません。また、実質値で見ると、消費増税の影響もあって平均で0・2％しか増えてないという問題もあります。

とりあえず、ここではかなり甘めに毎年1％ずつ所得が増えていくと仮定しましょう。相当大胆な仮定なのですが、すると2025年ごろにやっと1997年の収入、28年前の収入に届くのです。この間、他の国ではどれくらい所得が増えたことか。しかも、オリンピック需要も終わります。この状況のなかで、アベノミクスに効果があったとか、なかったといったレベルの議論をしている。正直、なんてのんきな話を、と思います。

なかなか理解されない「まずしさ」

少し前のことですが、五木寛之さんと『中央公論』で対談したときに、五木さんは、最後の最後まで僕たちがまずしくなったということに賛成してくださいませんでした。

Eさん　読みました。だいぶかみあってなかったですね。

井手　そこがおもしろさでしたけれどね。

Eさん　『青春の門』の時代と比べればたしかに豊かにはなってますから。

井手　そうそう、そこなんです。五木さんがまちがってるのではありません。一定の年齢層から見れば、日本経済は、断然、昔より豊かになってます。この認識のギャップ。ここに社会全体に危機感がなかなかあらわれない理由のひとつがあると思うのです。

バブル後に生まれたような若い人たちから見れば、日本経済は低空飛行している印象しかない。それはそうでしょう。1997年の所得をいまだに超えられないのですから。さらに言えば、僕たち団塊ジュニアから見ると、世界経済を席巻していた記憶と、日々のくらしがしんどくなったいまとが交差するから、さらに見えかたもちがってきます。

ちょっと前、いくつかの高級ホテルに行ってフロントの人に話を聞いてまわったことがあるんです。宿泊客はどんな人たちですか、と。あ、お前ヒマだなって思ったでしょ（笑）。でも、答えを聞くとビックリしますよ。5～6割、多いときは7割が外国人だと言われたんです。

せっかくなんで、ここでみなさんに意地の悪い質問をしたいと思います。みなさん、もし東京でホテルに泊まるとしたとき、オークラとか、ニューオータニとか、帝国とか、その辺のホテルに泊まりますか？

Cさん　泊まれるわけないじゃないですか。

井手　えっ、なんで？　ものの3～4万も出せば、あんなにいいホテルに二人で泊まれるのに？　あ、嫌われたかな（笑）、でも、ここが大事なんです。

ニューヨーク、ロサンゼルス、パリ、ロンドン、どこでもいいです。3～4万円で泊まれるホテルを最高級ホテルと呼びますか？　呼ばないです。平均的か、それよりちょっと上くらいじゃないかと思います。それがこの国では「最高級ホテル」になってしまうわけです。

そりゃあ、外国人も喜んでくるはずです。割安ですから。えっ、こんなにいいホテルなのにこんな値段で泊まれるの、という感じでしょう。でも、当の僕たちは、そのホテルには高すぎて泊まれないわけです。

これは、発展途上国に旅行に行けば豪遊できる、と思うのと同じ感覚だと思います。その国の人たちには泊まれないような高いホテルを「割安」で使える優越感。みなさんもおわかりでしょう。それをインバウンドだ、成長戦略だと言って喜ぶ政治。明らかに感覚がおかしくなりはじめています。

成長から分配へ

いま、1人当たりGDPは、世界のなかで30位くらいにまでさがってます。OECDに限定しても、19位と平均以下です。僕が大学生のときは2位だったはずです。

しかも、OECDじたいの位置づけも変わりました。僕はOECDのことを「先進国クラブ」と習いました。みなさんもそうでしょう。でも、いまは学校でもそういう教えかたをしないようですね。新興国や旧東欧諸国もくわわっていますから。それでも日本はそのなかで平均以下だというわけです。

円安で経済が成長したと言っていますが、ドル表示で言えば6・2兆ドルから4・8兆ドルにGDPは減少してしまいました。外国に行くともう本当にいやになるほど物価が高く感じられます。飯を一食抜くか、なんてまじめに考えてしまいます。

ようするにこういうことじゃないでしょうか。アベノミクスに効果はあったか。あった。しかし他の国はより成長し、より所得を増やした。こういう話だと思います。安倍さんはドルで給料をもらってないからとおっしゃってましたが、実態はこうだったのです。

いや、もっと思いきって言いましょう。

政権・与党はアベノミクスに効果があったと言う。左派やリベラルは効果がなかったと叫ぶ。でも、僕ならこう言いますね。安倍さんはさすがだ、日本の経済がもう昔のように成長できないことを証明してくれた、と。だってあれ以上の経済政策は正直言ってムリだと思いますから。それでもダメだったのですから。

じつは、このことを一番わかっていたのが安倍政権であり、自民党だったのかもしれません。アベノミクスの効果が地方に波及しない、消費が広がらない、賃金があがらないという状況が明らかになったとき、「新三本の矢」が放たれました。そのなかで主張されたのは、保育士や介護士の処遇改善、介護離職の減少、ようするに「分配政策」でした。これは成長戦略とはべつのものです。

それと同じぐらいの時期に小泉進次郎さんたちが「こども保険」を提案しましたよね。負担増から逃げずに幼稚園や保育所を無償化するという案です。そしてとうとう2017年の衆院選では、消費税をあげてでも幼保を無償化する、低所得層の大学授業料負担をなくすという方向に舵をきったわけですよね。完全な「分配シフト」です。

前回の議論を思いだしてください。1970年代の後半、大平正芳政権のころ、自民党はイギリスやスウェーデンなどの福祉国家のことを取りつく島もないほどにこき下ろしていましたよね。その方向に彼らは方向転換したわけです。ものすごいことです。

もはや経済政策、成長政策だけが争点じゃありません。明らかに分配政策に軸点は移っています。なのに左派やリベラルはというと……消費増税の先送り、なかには減税なんていう主張まで飛びだしてきている。そうしないと景気が腰折れする、日本がますます壊れるってね。2017年の衆院選に増税反対で惨敗したのに、懲りずにまた同じことを繰りかえして、参院選でも負けてしまいました。

今日はいろいろ議論をしたいし、政治の話になると興奮して鼻血がでそうなので、今日の話はこの辺でおしまいにします。政治の話は次の回にさせてください（笑）。

【ディスカッション――第2講】

90年代に現れた変化の予兆

井手 どうでしょう。1990年代の後半をちょっと思いかえしたときに、印象的なできごとはありましたか。いろいろありそうな雰囲気でしたが。

Cさん あります。

井手 お待たせしました（笑）。

Cさん 私自身は、1997年に本当だったら就職しているはずなんですけれども、ずっと演劇をやっていて、世間から離れたところで生活していたんです。そのころ、母は郵政省に勤めていまして、まさに郵政民営化に向けての下準備がはじまって、雰囲気が変わっちゃったという話を聞いたことがあります。

貯金事務センターというところがあるんです。母はそこに勤めていました。いま思えば、まさに1997年に郵政民営化の話がはじまって、その地ならしのように非正規雇用の人たちが職場に入ってきたそうです。母の話に「ゆうメイトさんが」というフレーズが出てくるようになったんですが、ゆうメイトさんとはいったい何ぞやと（笑）。

　まだ非正規とかフリーターという言葉も、あるんだかないんだかみたいな時期でした。任用の系統として、いままではのんびり働いていればよかったのが、試験を受けなさい、試験を受けて、いままでの正規雇用の人を上級職にして、ゆうメイトさんが大勢いるという職場に変えよう、そんな動きがはじまったというんです。

　いままでいた公務員はぼうっとしてちゃだめですよ、あなたたちはゆうメイトさんとはちがう仕事をしているんですからね、っていう話になったんです。それまでは、労働者の権利を認めましょうというのが当たり前で、昼休みはみんなでサークル活動をやったりしてたし、定時で帰れる日も多かった。

　それが、そうじゃないぞ、と。もうこれからは社会が変わっていくのだから、郵政省内も変わっていきますからね、あなたたち、いままでどおりに働けると思っちゃいけませんよと、そんな流れになってきて試験を受けさせられることになったわけです。

井手　たしかに郵政民営化っていうと小泉純一郎さんの印象が強いけれど、最初に出たのは橋本龍太郎政権でしたね。ちょうど時期的にも一致してます。

Cさん　そうなんです。内部での準備段階というのでしょうか。少しずつそういう流れが強まってきたんですね。そのなかで、あれよあれよと小泉さんが登場してきて、民営化に思いきって舵をきるなかで、結局、組織も統合されて、埼玉のほうに集約されて株式会社に変わってしまいました。母は定年でやめましたが、もう続けられない、しんどくてやってられない、そうぼやいていました。

Dさん 僕は、その頃、ボクシングをやっていましたね。プロになって、もう朝から晩までボクシング三昧。仕事はコンビニの副店長をやってまして、印象的だったのは、いまに比べて学生のアルバイトがすごく多かったことです。

女子高生なんかが、学校の帰りに制服のまま直接バイトに来るみたいな時代でした。家庭の状況がなんだか変わっていって、「自分の小づかいは自分で稼がなくちゃ」という雰囲気になってきたように感じたことをよく覚えています。

井手 それもおもしろいですね。親がまずしくなっていくと小づかいから減らされていくから、しかたなく自分で働く。昔は高校生のバイトは禁止って学校が多かったですよね。それが社会全体の風潮として、学生でも自分で稼ぎなさいってふうに変わっていっていたとしたら、道徳というか、社会の価値の大変化かもしれませんね。

Dさん いまはまた学生さんが少なくなっていて、むしろ年配の方とか、外国人になっています。

Bさん 私はちょうどそのころ、5年ちょっと勤めてた会社を転職したんです。はじめて就職したのは1992年、バブルがはじけたすぐあとだったんですけど、まだ当時はほとんど無条件で内定を出してくれるような状況でした。

うち、夫の歳がひとつ下なんですね。だけど、夫の代だったら私は入れなかったかもしれないと思います。たった1年なのに、です。

ソフトウエア会社の総合職だったんですけど、私の前のときにガンガン採用していて、私なんか成績表も見せずに内々定が出ていました。ところが1個下の代は信じられないくらいきびしかったんです。情報処理の資格とか持ってないとダメで。

Aさん 92、93年、たしかにそうでした。僕の学校では学力テストをやると、上位50人だけ名前と点数がずらっと出されてたんです。それは関西で言う、いわゆる有名大学に確実に合格できる人たち。そこに入った人たちは、あいつ落ちたとか、俺は入ったとか、そういうすごい競争にさらされてました。

僕、それが嫌で西成に行っちゃったんです。肉体労働で有名な地域です。当時はまだ日雇いもいっぱいあって、日雇いに行けば、そんなに学力のない人でも、1日行けばピンハネもなく1万2000円とか1万5000円とか稼げたんです。

1992年の暮れ、日雇い労働をしていたんですが、朝に仕事を手配する人が一斉にいなくなったんです。何が起きたのかわからず、右往左往していたら、オッチャンから

「にいちゃん、もうここおっても稼がれへんで、実家に帰れるんやったら帰り」と諭されて、家に戻りました。それがバブル崩壊のショックだと気づいたのは、ずっとときが経ってからでした。

大量の非正規化と序列化

Bさん 私の場合、メーカーだったのでそういう経済の実感は弱かったし、本社にいたので、すっごいぬるかったんですけれど、それでもやっぱり1個下の代からものすごく優秀になってきました。3つぐらい下になると、もう院卒じゃないと採ってもらえないぐらい。私もなんとなく居心地悪くなってきちゃって（笑）。

働きかたも、私のとなりに座っていた夫はもうバンバン徹夜するわけですよ。でも、私は、もう帰っていいよ、女の人だから帰んなさいという感じで帰らされる。夫やその同期の人たちは、ものすごい勢いで徹夜をして、頑張って製品を仕上げる。とてもじゃないけどついていけない。だから辞めたんです。

で、1997年に転職したんです。そこはエンジニアの人がたくさんいたところ。私はパソコンのお守りっていうか、ＰＣデスクみたいなことをやっていたんですけど、年を追うごとに目立って派遣の人が多くなっていきました。それはもうすごい変化。

よく覚えてるのは、階級化がすごかったことです。女の人は基本的に少ないんですけど、請負や派遣はもちろん、ＣＡＤをいじるお姉さん、庶務の本社系で雇われている人、私みたいに外から来た技術職みたいなのもいて……小さな会社だったんですけど、女性のなかにすごい序列ができていました。小さな世界なのに、本当にあっという間。

その関係がしんどくなった私は１９９９年には退職しました。専業主婦です。夫はそのころも恐ろしいほど働いていました。99年の５月は２０８時間も残業をしていたんです。月の平均は１２０。２０００年の５月に、私、一番うえの子どもを産んだんですけど、その月にも２０８時間残業してたんです。ようするに、いないんですよ、家に。

Aさん　30日で割ったって7時間。毎日午前様じゃないですか。

Bさん　全然いなかったもん。それがほとんどずうっとつづいてました。それを見て、私はあんなふうに働けないって思ってたから、家で専業主婦をするしかないと割りきれたんです。反対に、同じように働ける女性もいるんだろうけど、本当にしんどいと思うし、自分には想像すらできませんでした。

井手　壮絶ですね。女性の働く権利は当然大事だけど、過労死するような人たちと同じように働いてスタンダードと言われると、幸せなこととは言えないですよね。そもそもの発射台からしてまちがっています。

Eさん 私は井手さんと同い年で、1995年就職なんですね。大学に入った1991年ごろは、無条件で就職できたような印象でした。内々定をもらったらよその会社に行かないように「拘束」されて、正式に内定の出る日に海外旅行に連れていかれて他社と連絡を取れなくする、なんて話もありました。

ところが私たちが就職するときにはそういうのがなくなっていて、ちゃんと試験を受けて、狭き門でという感じになっていました。私の入った県庁でも、私の年は前後と比べてぎゅっとしぼられていて、人数が少なかったですね。

1995年に就職したのでよく覚えているんですが、あの年、阪神・淡路大震災があって、オウムの事件があって、そしてウィンドウズ95が出たんですよ。

Dさん そうだ、そうだ。

Aさん でしたね。

Eさん ウィンドウズ95が出て、ものの2、3年でとたんにPCが普及していったんです。景気がずるずる悪くなっていくのと連動するように、人を減らしながら、それがパソコンに置きかえられていく。1990年代の後半はそんな印象でした。

もうひとつ思ったのは、当時はカラ出張とかが問題になっていて、公務員は金の使いかたにムダが多いというバッシングが強まって、すごく予算がしぼられていきました。公務員に対する目線が日に日にきびしくなる時代でした。

井手　地方財政のムダが多いから、地方交付税のような「聖域」と言われたものも含めて、予算を削減しろという雰囲気が政府のなかでも強まった時代です。そこからです。地方自治体が血祭りにあげられるようになっていったのは。

援助交際の異様さ

Gさん　私は１９９７~98年と書いてあったのを見た瞬間、うわあっと思って。ちょうど15か、16のころ、人生で一番大変な時期で、じつは絶賛家出中のときだったんです。本当に自分のことしか考えられなかったので、今日のお話を聞きながらどうしようと思ったんですが……ひとつ思いだすのは援助交際の話が出はじめたこと。

高校生の援助交際が話題になったあとで、私ぐらいのときには中学生、小学生にだんだん年齢がさがってきていました。私、まさに中学生だったので、知りあいの親御さんたちがすごい心配してくださって、うちの親を説得してくれたんです。娘にとりあえず金だけは渡しておけって。だからなんとか生きていくことができました。

井手 大変なお話をありがとうございます。重要な問題ですね。

売春って人類のなかでもっとも古い職業のひとつだと言う人がいますよね。その真偽は定かではないし、これが売春の正当化の言葉になってはいけないんですが、でも、生きていくための仕事としての売春じゃなくて、生きていけるのに売春する時代が訪れたということは言えると思うんです。

勤労国家の象徴的な現象のひとつが「三種の神器」の話です。1950年代の後半には、白黒テレビ、洗濯機、冷蔵庫が三種の神器と呼ばれ、高度経済成長期には3Cと呼ばれたカラーテレビ、自動車、クーラーを持てるようになることが、中流のあかしと考えられるようになりました。

これはつまり、勤労と分度に励んで、みんなと同じものを買うことで、社会のなかの地位を確かめるような社会だったということです。消費をつうじて自分とは何者なのか、自分が国民のひとりであることを確かめる社会。これは、良し悪しはぬきに、国歌や国旗をつうじて自己の存在を確かめられないということと表裏一体の問題だと思います。

援助交際の問題が深刻だと思うのは、それをやらなくても生きていけるのに、自分の居場所を確かめるために自らを売っているということだと思うのです。これは三種の神器、つまり勤労国家と地つづきの問題です。

たとえば友だちがみんなヴィトンのバッグを持っているから、自分もそのかばんを持たないとサークルの一員として認められない、だから援助交際に走る。あるいはそのバッグを盗むのではなく、自らを売るという究極の勤労によってそのバッグを買う。

臓器売買の問題も似ています。自己破産という制度があるのに、それを使わずに、自らを切り刻んで自己責任を果たそうとする。資本主義という言葉を僕は使わないのですが、市場の原理が浸透しきり、自分自身さえをも売買の対象にしてしまったこと、究極的には、自分を売り飛ばしてでも自己責任を果たさなければ、他者から承認されも、認められもしないこと、ここに異様さを感じるのです。

Bさん　私も大学生のときにバブルだったのですごくお金を稼げたんです。それでやっぱりすごい服を買ったりしていました。高校生のときにDCブランドとかがあって、みんなちょっと高い服を着て、おしゃれをして、ショップバッグに体操着を入れて持っていく公立の女子高生なんかが結構当たり前になってきて……すごかったんですよ。

そのときの経験があるから、やっぱりお金が必要なんだと私もすごく思ったし、親も景気がいいから、機嫌がいいと服を買ってくれたりするんですよね。だから私もいっときすごい服ばっかり買ってたんですけど、そのときに、小金を持たなければ幸せになれないんだなとすごく思ったんですよ。

井手 ちょっとお金を持てると、それなりの幸せが買えるという「経験と記憶」、これは大きいでしょうね。それは理屈ではなくて、肌感覚のようなもの。

いままでの社会は、そういう感覚をもっている人たちが引っ張ってきたわけですよね。だから、政策を語るにしても、政治を語るにしても、まずは成長からになります。その体にしみこんだ感覚が「もう過去のものだ」という割りきりがもてません。

Bさん そう。だから、お金という指標で勝ち組や負け組が語られるし、経済的に豊かになるのが難しくなると、とにかく人より抜きんでるとか、得をするとか、自分は損をしたくないというふうになってきて……。

井手 同時に、自己責任を果たせるかどうかが人間の評価基準として、いっそうゆるぎない地位を築く、というわけですね。

安いものしか買えなくなった

Cさん　昔の幻想を追いかけているって何か悲しいですよね。ふと気づけば、着ている服とかすごい安くなったし、私、50歳を前にしてこんな安い服を着るとはゆめゆめ思っていなかったですもん。もう少しいいものつけているかなって。こんなこと言いたくないけど、ありとあらゆる安いものをつけてますもん、いま。

井手　僕、大学生のころ、金髪で、耳にピアスあけて、８０００円のトラサルディのＴシャツを着ていましたもの。髪の毛があったからオシャレができたんですが（笑）。

Gさん　すみません。そもそもＤＣって何ですか？

井手　デザイナーズ・コレクション？

Bさん　デザイナーズ・キャラクターです。

井手　あ、メッキもはげた（笑）。

Gさん　はじめて聞きました。私が家出をしていた10代半ばぐらいのとき、１９９０年代の後半ぐらいのときに、私がそのとき使っていた10代向けの化粧品を、いま30代、40代の人が当たり前に使っていますよね。売り場で10代も、そのうえの世代も一緒に見るというのは、昔なら考えられなかったです。高校生、中学生がふつうに使うような、1000円未満の化粧品なんですけどね。

井手 僕がGAPのTシャツを着てるみたいな感じですね。年齢不相応だとよく笑われますが、GAPはもちがよいので……自虐ネタはもうやめます（笑）。

結局、多くの人たちが、やっとあきらめがつきはじめているのかもしれません。これは僕も含めてです。見栄を張るだけの体力、資金力がもうなくなっています。

僕はバブルのころ高校生で、鹿児島にいたんです。1991年、まさにバブルの崩壊直後に東京にきたのですが、入学式が終わって一番最初に行ったところが吉野家だったんです。九州では本当にめずらしかったから一度食ってみたくて。

あのとき、たぶん並が400円くらいしてました。1991年にですよ。それが280円にさがって、いま350円くらいかな。どう考えても変ですよね。

Dさん 僕はいまでもよく食ってますよ。自分でつくって、コストがいくらだから、節約してこれくらいにしようというならいいんです。それなら張りあいがある。でも、その値段のものをわざわざ外に行って食べる、しかもそのために働くというのは、感覚的に結構つらいものがありますよね。

井手　僕が子どものとき、お袋がスナックやってましてね。毎晩スナックのカウンターで勉強して大きくなりました。男と女の「人生劇場」ばかりが気になってしかたなかったですが（笑）。

で、勉強が一息つくと、母がトマトジュースを一缶くれるんです。190㎖くらいの小さなやつです。それが当時は一本100円でした。よく覚えてます。

僕は酒飲みなのに、健康にいいことってトマトジュースを飲むくらいしかしないから、いまでもスーパーに行くと、速攻で買うんです。罪滅ぼしのように。でもいま、900㎖のペットボトルが下手すると150円くらいで買えます。35年前とくらべて値段が3分の1くらいになっているわけです。何かからくりがありますよね。

一時期、くらしにやさしいとか、ふところにやさしいとか言ってました。でも、ようは「僕たちは貧乏になったから、安いものしか買えない」ということじゃないでしょうか。そのことをかつては喜び、いまはふつうになったというところに根源的な問題があるような気がします。

Aさん　うちの近くの豆腐屋のおばちゃんがこう言ったんです。普通に豆腐を作ったら、50円や100円で売れるわけないやんかって。ちゃんとしたものをつくって商売にならんって、世の中どないかしとるわ、って。ちょっと前カルフールって外資系のスーパーがあったんですけど、「カルフールで買い物しとったら、みんな貧乏になる」って冗談で言ってました。いまはその極みとも言うべき状況のように感じます。

井手 みんながみんなスーパーマンじゃない。「カイゼン」して効率的にやっている面はたしかにあるだろうけど、「ムリ」してる面も必ずあるはず。そのムリがしわ寄せとなっておそってくる人たち、ようするに、安い値段でこき使われる大勢の人たちのくらしは、絶対に悪くなっているわけです。だから安いものしか買えない。

何ていうのかな。先進国のプライドを捨てられない途上国化というか、そんなマインドが定着してしまった気がするんですよね。

「小金持ち」にはもうなれないとあきらめている。ある程度の収入を当てこんで人生設計していこう、少し背伸びをしても大丈夫というんじゃなくて、ムリだから結婚しないとか、ムリだから子どもを産まないとか、ムリだから食費だって何だって切りつめて、限られた数の子どもに投資をしようとか……。

問題なのは、これが「まずしい人たち」の発想ではなくて、「ふつうの人たち」の発想になってしまったことです。まさに途上国化なんですが、そのなかで経済成長を訴えるしか未来を語るすべがないというところが、究極の矛盾というか、本当にしんどいとこだと思うのです。

慶応の学生たちと話していると、ときどき何とも言えない、不思議な気分になります。ガリガリ働いても金持ちにはなれないという「達観」した雰囲気があるのです。「えっ、慶応生って一番ギラついてる子たちなんじゃ」って思いませんか？　でもそうじゃない雰囲気が明らかに強まってる気がするのです。

いまの若い人たちは、転勤をいやがるし、海外勤務をいやがる。理由を聞くと家族と過ごす時間が減るからと言う。僕たちの世代では考えられなかった答えです。個人的には素晴らしい変化だと思ってるんです。でも、エリート全体がそういう発想になったとき、生き馬の目を抜くような国際競争のなかで本当に日本が生き残っていけるのか、というさみしい気持ちがふとよぎります。

国際競争と言えば、もうひとつ気になることがあります。いつごろからでしょうか。小学校の先生たちは、失敗しないように、子どもにリスクをとらせないように、親から苦情を言われないように、子どもを教育するようになっていないでしょうか。

いや、先生だけじゃない。親もそうです。昔なら、子どもが悪いことをすると、「学校の先生に言うよ！」と怒られたものです。ですが、塾に金を払うと成績があがる。学校は税を払っても成績があがらない。モンスターペアレンツと言いますが、それは異常行動ではなくて、元の取れない消費者の権利主張という面もあるのではないでしょうか。

この「教育の消費化」という問題、きついですよね。数をしぼりこんだ子どもに膨大な「投資」をする。この投資という言葉、「ちょっと待てよ」と思う。子どもはお金もうけの対象なのかと。でも気づく。ああ、そうか、子どもに「投資」したらペイがないといけない、割りにあわない、しかもそれは20年越しの取りかえしのつかない投資、だから、保守的になって、子どもにはリスクは背負わせられないのか、と。

いまの子どもたちは、僕たちよりもはるかに洗練されているし、柔軟です。ただ、リスクの取りかた、背負いかたを教わっていないエリートが国際競争で勝てるのか……なんとなく不安な気持ちにもなります。

企業にはもう体力が残っていない

Bさん　前回も言いましたが、子どもの受験をつうじて、上から40%と思っていた勝ち組のパイがそもそもないって気づきました。東大に行って、慶応に行くだけじゃダメ。資格があって、留学して、親のコネもあってみたいな、超エリートの本当にトップ1%ぐらいに入らなければ将来が安心とは言いきれないというのが何となくわかったんですよ。

社会全体がそういうふうになっていったとき、国際競争の輪にくわわるということが、そもそもの教育の前提になりえるんでしょうか。むしろそうではないところで、なんとか我が子が、うちのクラスの子が、よその子たちの1センチうえにいてくれればいい、そんな感じではないのでしょうか。

井手　その言い知れぬ地盤沈下感、底割れ感が気持ち悪いんですよね。

あえて言いますが、日本の経済、日本の企業が、従業員の賃金や生活を丸ごとかかえこむまでの体力を失ってしまっているということから、目を背けるべきじゃないと思うんです。その裏がえしが非正規雇用化だし、賃金の下落だし、貯蓄率の低下だし、法定外福利費の激減じゃないのか、と。

日本の左派やリベラルはもちろん、社会全体がこの悲しい現実にほっかむりして、見て見ぬふりをしてきた気がします。僕も企業にもっときびしい態度をとるべきだというスタンスは共感します。法人税だってもっとあげるべきだと思いますし、グローバル企業への規制だってもっとまじめに議論すべきです。

ただ、企業に内部留保を吐きだせとか、もっと給料払えとか、税金もっと払えと訴えたくなる一方で、いや、そうじゃなくて、企業にそんな体力はもうとっくになくなっているる、尾羽打ち枯らした姿がそこにあるという現実もある。その汲々としている人たちにああしろ、こうしろと指図するだけで、本当に明るい未来がやってくるんでしょうか。ここはものすごく悩むところです。

平成元年には世界のトップ50社のうち32社が日本企業だったのに、直近ではたったの1社、トヨタだけになっているというのが現実です。いい加減、政官労使が未曾有の危機にむかって協調しあう、「連帯共助」のモデルを考えなければいけない時期なのではないでしょうか。この当たり前の方向を示してくれる政党がこの国にはない。揚げ足取りばっかりが目につくようで……。

裏切りを許さない「安心」社会

Eさん　しかし、多くの人たちにとって、政府を信頼しろ、財界と協調しろと言っても、そう簡単な話じゃないいんじゃないでしょうか。彼らを信じれば安心だと言われても、なかなかすっと入ってきませんよね。自分が県の職員なので、本当はこんなこと言っちゃいけないいんだけど、県民のみなさんの強い不信を感じますし……。

井手　いま、信頼と安心という言葉が出てきましたね。とても重要です。

社会心理学者の山岸俊男さんの指摘ですが、じつは信頼と安心とは区別されます。信頼は、「相手は自分のことを裏切るかもしれないけど、信じる」こと。「相手が裏切れないとわかっているから信じる」というのは信頼とは言わない。これは安心と言います。たとえば、『西遊記』で孫悟空の頭にリングをつけるじゃないですか。三蔵法師がもし彼のことを信頼していたらあんなリングいらないですよね。

なぜリングがいるかというと、それがあると裏切れないから。三蔵法師がその気になればあのリングをしめつけて、孫悟空を悶絶させられる。彼は裏切れないとわかっているから、三蔵法師は悟空を信じられる。これを信頼と区別して、安心と言ったんですね。

日本はみごとな安心社会なんです。

たとえば村八分ルールって、地域の仲間を裏切ったらえらい目にあうから裏切れない。だからみんなが安心できるわけです。専業主婦の場合、収入がないから、パートナーを裏切ったら離婚になって生活の土台がこわれる。反対に、女性が裏切れないから、男性はパートナーをほったらかしにして、安心して仕事に没頭し、飲み歩いた。

官僚制にしたって同じです。人を裏切りさえしなければ将来天下りができてばく大な所得を手に入れられた。だから、国民は彼らが人を裏切るとはゆめゆめ思わなかったし、官僚も国民を裏切るなんて怖くてできなかった。終身雇用とか年功序列賃金も、会社を裏切らずに長い間いればいるほど出世できたし、給料もあがった。裏切って職を変わろうものなら、新しい会社でもらえる生涯賃金は大幅にさがった。

日本はおどろくほど人を裏切れない社会、裏切ったらえらい目にあう社会をつくってきたわけです。だからこの社会は、息苦しいけど、安心には満ちていたのです。

ところが、これが１９９０年代の後半に一気に壊れはじめました。女性が働くようになると、女性は当然、男性を裏切れるようになる。だから離婚件数が上昇したし、そもそも結婚を選ばなくなった。

官僚の不祥事が相次いだのもこの時期。そして天下りに規制が入ったら今度は、小さな汚職のようなものが頻繁に起きるようになった。途中でやめるキャリア官僚なんて当たり前。最近では覚醒剤の保持、使用まで問題になっています。

村八分なんて言ったって、そもそもコミュニティがなくなってきていますし、きょうもお話したように、年功序列、終身雇用もかなり痛んでしまいました。

裏切ったらえらい目にあうよという安心のネットが張りめぐらされていたのに、それらがなくなってしまった。そういう社会は人を裏切ったほうが得をするという状況にもろい。政治やメディアの言葉を見てください。疑心暗鬼のオンパレードじゃないですか。

政府や財界は信頼できない、だからダメだというメッセージは本当によく聞きます。僕だって心の底から大企業を信じているわけじゃない。ですが、人を信頼できない社会はとても効率が悪いし、コストがかかる。

歴史の転換点に求められるのは、信頼できない、だから信じないではなくて、どうすれば、他人を信頼できる社会をつくれるか、という視点じゃないでしょうか。あるいは、こういう議論もできるでしょう。人間を疑うのはしかたがない。だけど、疑うと損をするような仕組み、つまり安心を再構築するような議論をもっとやっていくべきだ、と。

Eさん　井手さんの気持ちはわかるんですが、そんなことできるんでしょうか。

井手　たとえば北欧諸国を見てください。これらの国ぐには社会に対する信頼度がとても高いんです。「国際社会調査プログラム」という調査があるのですが、これによるとスウェーデン、デンマーク、ノルウェー、フィンランドなどの北欧諸国は社会への信頼度で上位を独占しているんです。反対に日本は明らかに下位です。

では、なぜ彼らの信頼度が高いのでしょうか。北欧の人たちは性格がいい、人間ができている、そんな理由からではありません。他者を信頼したほうが得をするようなシステムをつくりだしているからなんです。

どんなシステムか。簡単です。ポイントは所得制限をできるだけつけない、そして主な財源を消費税などの比例税に求める、このふたつです。

所得制限をつけないとはどういうことでしょうか。ようは、所得にかかわりなく、すべての人が受益者になるということです。大学が無料だという場合、まずしい人たちだけではなくて、すべての人たちが無料になる。医療費や子育ての自己負担が軽いというとき、それもすべての人たちにその原理が適用されるわけです。

一部の人たちを受益者にするやりかた――日本はその典型ですが――は疑心暗鬼を生みます。ろくに働いていないあいつらが、なんで病院も、学校も、子育ても金を払わずにすむのか。本当は働けるのに嘘をついているんじゃないのか。公務員は裁量的でいい加減な審査をしているんじゃないのか。ほら見ろ、生活保護が反社会的勢力に使われてるじゃないか。高齢者はたいした病気じゃないくせに、病院に入りびたってるんじゃないか。考えはじめたらきりがありません。

では、みなさんが受益者になっていたらどうでしょう。

他の人たちへの不信感を募らせる必要があるでしょうか。自分自身も他の人と同じように恩恵を被っているというのに。また、公務員は審査に関与できなくなります。みんなが受益者ですから、所得を審査する必要がありません。中間層はむしろまずしい人たちを信頼したほうが得をするでしょう。彼らはかわいそうだ、給付をもっと手厚くすべきだ、人権を守れ、と。だってそうすれば自分のくらしも楽になりますから。

税の問題も同じです。自分が受益者ではなく負担者だと感じれば、税を払うことだっていやになるでしょう。これは僕の言う「痛税感」の問題です。俺はとられる人、あいつはもらう人という対立軸が生まれてしまう。ここに所得税中心主義でいけば、働く人は取られる人、働かない人はもらう人という分断線もくわわります。

消費税を柱にすれば、まずしい人たちも含めた全員が納税者になります。みなが税を払い、みなが同じようにサービスを使う社会。納税者が他者を疑う動機は劇的に弱まるし、まずしい人たちも他の人たちと同じように、堂々とサービスを利用すればいい。財政は「救済の施し」から「生きていく、くらしていくための権利」にかわるでしょう。

生まれた時代で左右される

すみません。ちょっと横道にそれますし、不幸話は場を支配する意図がつきまとうから嫌なんだけど……僕の家族の話をさせてください。

うちは母子家庭で、母の妹である叔母と三人で暮らしていました。ところが、商売があまりうまくなくて、１９９８年に二人がばく大な借金を抱えていたことがわかりました。

僕が博士課程の2年生のときです。

当時、日掛金融というのがあったんです。合法的な闇金みたいな話なんですが、毎日取り立てにくるかわり、年利で100%以上の利子をとっていいという恐ろしい制度が認められていたんです。母たちはそこから14件も借りていました。

僕はあちこちに頭をさげてお金を借りて、当座の返済資金を準備したんです。そして母の店に走ってお金を持って行きました。お店には母と叔母がいました。でも、二人はお礼もろくに言わずに僕からお金をむしり取り、あわてて小さな封筒にお金を小分けにして、あちこちに隠しはじめました。ひと所に置いて、一人の金貸しにまとめて持って行かれたくなかったからです。

あのときのことは一生忘れられません。礼節をことさら重んじた母と叔母がこんな振舞いをするなんて信じられませんでした。僕は店のトイレで泣きました。

それからしばらくずっとそのときのことを考えていました。でも、考えに考えてたどり着いたのは、二人は悪くない、僕は二人を信じるという答えでした。

いいですか。二人の名誉のために言っておきます。母や叔母は僕を「手のなかの珠」のように大事に育ててくれました。僕の問いは、そんな二人が、なぜ一瞬とはいえ、人間らしさを失ったのか、ということでした。

それが二人の人間性の問題ではないことを僕は知っている。そう、まずしさという「環境」が二人を追いつめたのです。二人から絶えず愛の眼差しを注がれてきた僕は、最後にそう結論づけ、確信することができたんです。かろうじて人間として踏みとどまれた、そんなふうに感じたことをいまでも覚えています。

大学院に進学したいと言ったとき、母にこう言われたんです。「あんたのよかごつせんね」、と。本当はさっさと就職して、仕送りしてほしかったはずです。それでも、母はそれをグッと飲みこんで、僕の自由にさせてくれたのでした。

どれだけしんどかったでしょう。でも、そんな大らかで、大好きだった母や叔母が、追いつめられ、ほんの一瞬ですが別人のように変わったんです。だから僕は思うんです。人間が人間を疑うような社会は悲しい社会だ、でも、それは日本人がさもしい人種だからではないのだ、と。

僕は絶対に希望を失わない。この社会に疑心暗鬼が渦巻いているとすれば、それは、社会的な仕組み、つまり「環境」がそう振る舞うようにうながしているからです。僕たちは「できるんですか」じゃなくて、「環境を変えよう」と思わないといけないんです。

いいですか。人間には天使と悪魔とが同居しています。でも、僕たちには知恵がある。人間のもつ善性と悪徳、そのいずれを僕たちが必要とするのか、いずれを発揮したほうが自らの得になるのか、そういう議論をしたい。そんな仕組みの話をしたい。

僕たち、団塊ジュニア世代は生まれてからこのかた運に見放されてきました。

僕は1972年生まれです。73年がオイルショックだから、僕らはその意味で、高度経済成長の最後の年に生まれています。成長の「しっぽ」に生まれたのです。高度経済成長期の興奮なんてまったく知らないにもかかわらず。

バブルのころは鹿児島の寮にいました。三畳半の小部屋。世の熱狂なんてこれっぽっちも知りません。よし遊ぶぞと意気ごんで上京しましたが、そしたらバブルははじけていました。就活の1995年は就職氷河期のはしり。1997年、僕が博士課程に進学したタイミングはアジア通貨危機が起きて、日本の経済も政治も大混乱だった。

いま僕たちの世代は本当に生活が苦しい。40代は非正規労働があふれかえり、持ち家比率もはっきりとさがってしまった。本当にろくなことがないんですよ。「俺たちは尻ぬぐい世代か」と言いたいくらいです。

なんでこうも悪いことばかり起きるのか。少なくとも僕たちの責任ではない。でもね、日本社会がくすぶっているのは俺らのせいじゃないと言ってしまえば、この社会はどうなるんでしょう。もっと生きづらい社会になって、子どもたちに丸投げされるだけです。

それじゃあ、死んでも死にきれないですよ。だれかが引き取らなきゃいけないんです。

それが僕たち団塊ジュニアなんじゃないか、最後の砦なんじゃないか、と。

そんな思いからすれば、できない理由なんてもうどうでもいいんです。どうすればできるのか、この一点をみんなで考えたいのです。

いまこの瞬間にもね、きっとあのころの僕と同じように絶望の淵に立たされている人たちが大勢いるんです。その人たちが誇りをもって、堂々と生きていける社会について考えたい。まずしいだけで、職を失っただけで、あたかも嘘をついたり、不正な制度利用をやったりしているかのように疑われる社会は絶対に変えなければいけないのです。

ふつうに生きるための競争

Dさん　すごい熱気で話しづらいのですが……僕はいま、まずしい家庭の子どもたちの支援をやっています。僕自身の場合も、自分の育った環境が大きいと思います。
うちは6歳のときに父が死んで、母子家庭になって母が急に働くようになったんです。ただ、1980年代だったし、バブルもあったんで、女性でも努力すれば報われる時代でした。もちろん、そんな時代であってもうちの母はすごいと思います。結局、兄と2人、大学まで出してくれましたから。でも、いまだったら、努力しても、できないものはできないみたいな感じだと思います。

井手 それ。まさにそれ。お袋がいま僕を授かったとしたら、産めなかったと思うんですよ。それっておかしいですよね。1972年なら産んでもらえて、2019年なら産んでもらえない命がある、そんな話を許せますか？ 運だけで命が左右されるなんて。しかも、産んでもらえたとしても、あの時代だから僕を私立の高校や東京の大学に行かせることができたわけで、いまだったら100％ムリだと思う。だから腹がたつんです。

Bさん 私、祖父母のもとで育ったんです。貧乏だったし、公立一本だったんですよ。たまたま父が途中から学費を出してくれるようになったからよかったけど、でも、高校生のときは自分で稼がなきゃいけないと思っていろいろ調べたんです。

このぐらいの学費だったら自分で稼げるなと思えたので私学に行くことにしました。でもいま調べたら、自分の卒業した学校、文系で1年間80万円以上かかるんですよ。それを12で割って、月それだけ子どもに稼げって、やっぱり言えない。当時だったら4～5万稼げば何とかなったんだけど。

いまは就職も大変だし、下手するとダブルスクールして、ちゃんとインターンとか行ってとやらなきゃいけないので、年間の学費だけでも本人でどうにかできる額じゃないし、理系なんて言われたらゾッとするし。だから、もうこんなことを言っている時点で、よっぽどお金持ちじゃないと競争に勝ち残るのはムリだと思うんです。

ふつうだったらあきらめざるを得ないか、奨学金を借りて、親がローン組んで借金まみれになるしかないんだろうなと思います。だからうちは、もし大学に行かせるんだったら3人目は無理だよね、ってあきらめたんです。

井手　みんながみんな大学というのは、言葉は悪いですが、「人間の非効率的な配分」ですよね。スポーツをやったり、職人になったりすれば、発揮されたはずの才能がみんなつぶされてしまう。もし高卒でも生きていける、技を持っていれば尊敬されるという社会だったら、まだ子どもの数も、子どもの生きかたもちがったかもしれないですけどね。

Cさん　ただ現状では高卒後の就職も非常にむずかしいですよね。私の住んでいるところは八町が平成の大合併でひとつになったんですけど、産業があるところは自転車操業ではあるけどまだやっていけるんです。

ところが、私のいるような農村と漁村が合併したようなところになると職なんてありませんよ。それどころか、着ているものがもうファストファッションですらないんです。どこに行けば手に入るのかわからないような服を着ていて、10キロ向こうに行くとやっとユニクロの服を見かけるみたいな。

井手 ぼちぼちいい大学に行って、ぼちぼちいい会社に入って、ぼちぼちいい人生をくらせるというモデルが破たんしちゃうと、もうどうするんですかという話がありましたが、安さが売りのファストファッションでさえ、高くて買えないような人たちが出はじめているということですね。

Eさん だから結局、発展途上国じゃないかって話になるんだと思うし、みんなが笑顔でくらしていて、その辺にいる魚をとって食べたりとか。そういうくらしのほうが、ひょっとしたらいいんじゃないかって話が出てくるんですよね。

どんなに頑張って、受験競争を勝ちぬいて、社会の競争を勝ちぬいていったところで、幸せになっているのかというと、ほとんどの人がそういう生活になっていないわけじゃないですか。競争を勝ちぬいたさきにさらなる競争があると聞かされれば、やっぱりそういう世界からおりたくなる人は出てくると思います。

井手 「エリートになるための競争」ならいいんです。でも、「ふつうに生きるための競争」を強いられる社会。その競争からおりたくてもおりられない人たちがいる。

一方で出てくるのが「脱成長論」ですよね。でも、その話もリアリティがない。幸せはお金では測れない、自然とともに生きていこう、そんなこと言われても、それができるのは、よほどのお金持ちか、変わった人。そうでなくて、成長は成長でいいんだけれど、成長が止まったら絶望するしかない社会は変えるという発想がほしい。

よく思うのですが、自分の子どもを大金持ちにしようと思っている親御さん、ほとんどいないんじゃないでしょうか。そうではなくて、子どもが安心して生きていけるためには、やっぱりいい大学に行かせて、東京に行かせて、いい会社に入れないと、そうしないと、とにかく「ふつうのくらし」はできない、と思っているのではないでしょうか。

「ふつうのくらし」を手に入れるために、みんなが東京にうわっとやってくるのはいいけれど、今度は、家に、教育にものすごいお金がかかるものだから、結局、子どもを産む数で調整するしかなくなる。東京の出生率は異常に低いですよね。ブラックホールのように人を地方から吸い寄せ、日本全体の人口を減らしてしまっています。

ここはとても重要です。経済の良し悪しとは別に、くらしを安定させるための方法をどうして僕たちは考えようとしないのでしょうか。本当はここに日本の未来がある。

いまだに成長戦略がとか、最低賃金をあげればとか、所得を増やす手だてばかり考えている。でも、それはバブル崩壊後、30年にわたってできなかったわけです。なぜそこで思考が止まってしまうのか。

子どもがコストになる

Bさん 夫の実家はすごい田舎で、将来はそっちでみたいな話をするんだけど、20年前に結婚したときと比べものにならないくらい過疎化が進んでいるんです。スーパーはつぶれちゃうし、商店街も次々にお店が閉まってしまって。ここでどうやってくらしていくんだろうって、想像さえできないんですよ。両親がいて、家があっても、です。

井手 次回はくらしの保障の話をします。どんな社会をめざすのかという話です。これは本当に急がないとダメなんですよ。みんなでお金を出しあって、財政を底堅くし、医療だ、教育だ、介護だって、そんな心配しなくても何とかなるって思える社会です。

逆に言うと、そういう社会になっていけば、私は年収200万円、パートナーも200万円、世帯で400万円でも地方でくらせるし、子どもも3人持てます、みたいになるじゃないですか。

僕は小田原市に住んでますが、人口が20万人近くいて、仕事だってちゃんとあるんですよ。世界をまたにかけるような大企業じゃなくても、良質な中小企業はたくさんあるんです。年収200〜300万円なんてムリなく稼げるわけです。

しかもくらしの質が本当に高い。地元のコメは取れたて。年によっては特A級だったりします。海が近いので魚屋さんが多くて、魚介類が安くてじつにおいしい。四季折々の野菜や果物がふつうに地元のお店に出ていますし、海水浴はもちろん、車で15分も行けば箱根の温泉を楽しめる。住居費だって都心より断然安いですよ。

ようするに質の高いものが東京より安く買えるのだから、給料が多少さがってもくらしの質はさがらない。豊かさって本来そういうものじゃないですか。そのうえ、社会全体で、子育て、教育、介護、医療といったコストがグンと安くなったらどうでしょう。東京に行く人の数も減ると思いませんか。

最近5LDKのマンションってないですよね。4LDKのマンションさえ、めずらしくなってきました。建物のかたち、部屋の数が子どもの数を決める社会になってます。中学生になったら個室が必要だ、だから子どもは多くても2人みたいな発想になってます。

Eさん　建て売りでもそうですよね。うちのほうは建て売りだけれども、みんな子ども部屋は2つと決まっている。3人になって1部屋あてようと思ったら、やっぱり注文住宅になっちゃうとかいう世界。

井手　本当は逆だったはずですよね。家族がまずあって、その家族に寄り添うように家のかたちが決まっていて。ふすまで仕切るから、家族の変化とともに、部屋のかたちや間取りも柔軟に変えられた。ところが、近代になって「子ども」なるものが発見されると、そのための部屋という考えが出てくる。そうなると子どもがコストになっていく。

最近、心が荒むことが多くて（笑）。いやされたくて石立鉄男のドラマを見てたんです。みなさん石立鉄男わかりますよね？『水もれ甲介』っていうドラマです。

1975年の作品なんですけど、やっぱりすごいと思ったのが、「俺、水道屋でもうけ出して、この建物、このビル、全部俺の会社にしてやるからな」ってふつうに言っているわけですよ。一庶民が。まずしかったけれども、やっぱり夢を見ていたんですよね。

いまは、みんなその「設計図」を描く意欲を失ってしまっている。それどころか、バースコントロール、出生調整みたいなところにまで社会が入りこんでいる。子どもは愛や喜びの対象ではなく、コストに成りさがっている。それが悔しい。

バブルに象徴される豊かなころの記憶が残っていて、その生活を維持するために、次の世代を残すことさえ、計算の対象になってしまっています。「マイナスからの逆算」をして、どこまで損失を小さくするかというのは、社会としてあまりにも後ろ向きです。さあ、どうするんだ、そんな話を次回はしなければなりません。

Aさん ぜひお願いしますよ。これだけ食べれる人が減って、働いても税金を納めることが難しいって言う人が増えてるんだから、当然、年収って下がってるわけで。

国はトリクルダウンなんて言ってましたけど、減税したら会社が税金払えるぐらい給料をあげてくれるっていうんで法人減税をしたんですよね？　だけど、実際は可処分所得、実質賃金もあがってないじゃないですか。

国も政治家もみんな疑問に思わないんでしょうか。個人の所得があがらないから、個人の所得があがるように安倍首相は企業側に賃金をあげろと言いましたけど、あげるのは企業の判断。でも、あがらないじゃないですか。企業に言ってもあがらないんだったら、別の方法を考えたりしないのかって。それが当たり前なんじゃないかって。

井手　いいですねぇ、そのテンション。次はガンガンいきますよ。

第3講

「頼りあえる社会」は実現できる

～ちょっといい未来を想像してみる

金持ちすら不安になる社会

井手　さあ、今日は一番重要な回です。全力で行きますよ。

僕たちは自己責任で将来の不安にそなえる社会をつくってきました。現役世代向けの社会保障は先進国のなかでもとりわけ貧弱で、おまけに教育費の自己負担も先進国きっての高さ。経済がもたつけば、ふつうに生きていくことさえしんどくなる社会です。

ただ、ここで注意してほしいことがあります。それは、意外かもしれませんが、将来不安はけっして低所得層だけの問題ではないということです。

たとえば慶応を出た学生が年収８００万円くらい稼ぐとしましょう。彼らが高学歴のパートナーを選ぶというのはよくある話です。すると、共稼ぎで世帯収入は倍の１６００万円。もうそれだけで立派な富裕層ですよね。

Gさん　立派すぎます。

井手　ですよね。でも、本当にそうか、という話です。年収が１６００万円だとすれば、それを前提に生活は設計されますよね。住宅ローンをどれくらい組むか、子どもの数や教育のレベルをどうするか、何もかもが年収ベースで決まります。

ですが、どちらかが病気で働けなくなることってありえると思いませんか？

それは大きなけがかもしれないし、精神的な疾患かもしれない。僕だって、まさか自分が死にかけるとは思わなかったけど、簡単にそうなりました。それ以前に、精神疾患に苦しんでいる人なんてこの社会には大勢います。

その瞬間に、年収は激減することになりますよね。仕事ばなれが長期化すれば、ローンが払えなくなるかもしれないし、子どもを塾に行かせられなくなるかもしれない。じつは、運が悪ければ、富裕層でさえ将来不安に直面する社会、それが日本なのです。

それなのに、１９９７年をピークに所得の減少がつづき、いまだにそのころの所得を回復できていない。かつてのような経済成長も期待できない。しかも、できあがった財政たるや、特定の誰かの利益にしかなっていない。みんなに共通の利益は義務教育と外交と安全保障だけという、個別利益のかたまりのような財政をつくってしまった。

だから、財政がきびしくなると、犯人探しと袋だたきがはじまって、どこから予算を削るかとか、誰がムダ遣いをしているか、そういうことを暴きたてるような政治ムードが広がりました。１９９５年に財政危機宣言が出されましたが、いかに人間がうそつきかということを20年以上も、追及する政治がつづいたわけです。そうなってしまえば、政府であれ、社会であれ、僕たちが他者を信頼できるはずがないですよね。

では、どうすればいいのか。このまま座して死を待つわけにはいきません。いまの社会をどう大胆に組みかえていくのか。今日はこの大きな問いを縦横無尽に論じてみたいと思っています。

なぜ新自由主義は支持されたのか

これまで示されてきたビジョンのひとつ、それが「新自由主義」でした。左派やリベラルと言われる人たちは、みなこの考えかたを批判してきました。おそらくここにおられるみなさんもその批判に共感した人が多いでしょうし、僕自身、新自由主義的な政策を批判してきた人間のひとりです。

ただ、第1講で生活保護問題について語ったのと同じように、それが批判にとどまっていたことに、僕たちの思想的な限界があったと思います。

新自由主義がおかしいという批判ではなくて、おかしな政策、おかしな思想であればあるほど、なぜそんなものがみんなに支持されるのかということを考えないといけなかったはずなのです。でもそれを僕たちは怠ってきました。

まちがいを発見することは大事です。だけど、「まちがっているからダメだ」「変えて当たり前だ」という押しつけがましい「正義」を超えるような視点がほしい。それは、昨今の安倍政権批判ともつうじる、大切な課題だと思います。

新自由主義ってなに？　この問題はまたあらためて別の著作で世に問いたいと思っていますが、「強力な私的所有権、自由市場、自由貿易を特徴とする制度的枠組みの範囲内で個々人の企業活動の自由とその能力とが無制約に発揮されることによって人類の富と福利が最も増大する、と主張する政治経済的実践の理論」という定義が、わりとしっくりくるかもしれません（デヴィッド・ハーヴェイ『新自由主義』作品社）。

じつは、僕は、政府を小さくする、規制を緩和する、民営化を進める、そうすることで経済の成長力が増したという実証分析を見たことがありません。少なくとも、新自由主義的な思想が広がっていった１９８０年代以降のＧＤＰ成長率を見たとき、それ以前の時代よりも成長率はあがっていない。小さな政府や規制緩和が成長を生むというのは、ひとつの楽観的な希望、もっと思いきって言えば幻想でしかなかったと思います。

じゃあ、なぜそんなわけのわからない主張があんなに浸透したんでしょうか。

日本で言えば、「勤労国家」のベースは、自己責任や自助努力、つまり、自分で自分の将来を設計しないといけないところにあります。だから、政府も減税と公共事業に明けくれ、何とか経済をもたそう、何とか所得を増やそうと踏ん張ったわけですが、それでも1990年代をつうじて経済はかつての輝きを取りもどすことはありませんでした。

いや、それどころか、その後半には、経済はより深刻な失速をはじめましたし、空前の政府債務まで残されてしまいました。これ以上公共事業をやろう、減税をやろうと思ったって限界があります。だから、財政出動ではなくて、「政府を小さくすれば経済が成長します」という別の説得のロジックが必要とされたのです。

結局この社会は自己責任の社会なのだから、経済が成長しない限り、くらしは立ちゆきません。ですから、成長という幻想をバラまける論理を必要とした。こういうことです。よろしいでしょうか。人びとは根拠がある・ない、正しい・正しくないといった問題ではなく、政府を小さくする、規制を緩和する、官から民へ、そうすれば経済は成長するというロジックにすがるしかすべがなかった、ここが最大のポイントです。

もう一度言います。新自由主義の正しさなんてどうでもいい。新自由主義であれ、なんであれ、成長を夢みさせてくれる理屈を国民は探していた。それは、成長が止まれば絶望に直面するしかない「自己責任社会」があったからだ、僕はこう言いたいわけです。

だったら本当の左派の、あるいはリベラルの進むべき道は、新自由主義批判を超えた、自己責任社会に代わるあらたな社会モデルを示すことだったはずです。オルタナティブを示し、ロジックを無効化するという視点こそが重要だったと僕は思うのです。

経済に固執するしかない国民

「国際社会調査プログラム」のなかに、「医療・教育・治安・環境・移民問題・経済・テロ対策・貧困」の各項目について、「今の日本で最も重要な問題は何だと思いますか」と聞いたものがあります。

そこでは日本の回答者の6割は「経済」と答えています。ちなみに2位がチェコで43・4%、3位のスペインは43・1%ですから、日本はダントツの1位です。

じつは「経済」と回答した国の上位にいるのは、旧社会主義国やアングロサクソン諸国です。ようするに、相対的にまずしい国や自己責任が求められている国、つまり経済が成長して所得が増えないとやっていけない国の人たちは経済が重要課題だと言うわけです。

冷静に考えれば、当たり前の話ですよね。何はさておき、経済が第一。貧困や環境なんて二の次、三の次でしかないわけです。

そんな人たちにとって、ばく大な借金が積みあがり、これ以上財政を大きくできない状況のなかで、政府を小さくしようが、民営化、規制緩和をしようが、とにかくそうすれば経済が成長すると言われれば、反対する理由なんてありません。僕たちは、公共事業をやっても、減税をやっても、借金が残されただけで、財政が出ばっていっても全然ダメだったというリアルな経験を持っていたわけですから。

いま思えば、僕たちの選択肢はハッキリしていたわけです。

ひとつは、勤労国家を維持しながら、新自由主義に代わる「成長のロジック」をつくりだすこと。いいですか、これはロジック、理屈の問題です。実際に成長するかどうかが問題ではなくて、いかに人びとを説得するかが問われるのです。

もうひとつは、勤労国家という福祉国家モデルをつくりかえて、人びとの将来不安を解消することです。

僕たちは「経済成長＝目的」と考えがちです。でも、「目的」は「将来不安の解消」であって、経済成長は「手段」のひとつでしかない。だってお金を貯めることは目的じゃないですよね。お金がないと将来が大変だから、みなさんはお金がいるはずです。

だから、「成長」には本来の場所に帰ってもらう。私たちのほうが成長しますではなく、成長がすべてを左右する社会はおかしい、そう正面から言えばいいのです。

じつは、この分岐点で登場したのが、２００９年の民主党政権でした。小泉純一郎政権で新自由主義を採用してどうなったか。１９７０年代、80年代にはおよばないような成長しか達成できなかったのに、所得格差は急激に広がっていきました。いわゆる格差社会です。これが引き金となって歴史的な政権交代が起きたのでした。

みなさん、民主党が政権を取りにいったときのフレーズ、２００７年、２００９年でともに使われたものですが、覚えてます？

Eさん　「国民の生活が第一」です。

井手　そう。じつに巧みですよね。「格差是正」じゃなかった。「国民の生活が第一」だったんです。低所得層の「救済」じゃない。勤労国家のような自己責任モデルでもない。すべての国民のくらしを支えるという、ヨーロッパで言えば、社会民主主義的な方向へと舵をきろうというメッセージとともに、歴史的な政権交代を実現させたのです。

残念ながら、民主党の人たちにそうした歴史的な意味、重要性がどこまで理解されていたのかはあやしいと思います。それでも、民主党政権の政策には見るべきものがありました。それは事実です。

子ども手当では、所得制限をつけずにすべての世帯に給付を認めました。高校授業料の無償化も同じです。「みんなに共通の利益」という視点があったんです。これはとても重要な発想の転換でした。

ところが、このうち子ども手当については、あとになってひっくりかえってしまいます。所得制限が入ってしまったのです。バラマキという批判にひるんだんですね。「すべての子どもの命の保障だ」と押しかえすだけの理念がなかった。仏はあったけど、魂はなかった。そういう印象がどうしてもぬぐえません。ちなみに高校授業料のほうも自民党によって所得制限が入れられてしまいました。

もっと問題だったのは、社会保障・税の一体改革ですね。これも発想じたいは素晴らしかったです。社会保障のニーズを計算し、それに必要な増税をする。僕はこれ以外に増税を実現する方法はないとさえ思っています。それほどこのフレームは画期的でした。

ところが、5%から10%に消費税をあげるその増税分のうち、社会保障の充実に使われたのはわずか1%でした。残りの4%は、事実上、社会保障が生む財政赤字への補てんにまわされたのです。しかも1%の大部分は低所得層対策です。これじゃあ、ほとんどの国民には負担感しか残らない。明らかな設計ミスです。

ようするに、「国民の生活が第一」という言葉と現実の政策の間に大きなズレが生まれてしまった。結果的には「格差是正」路線に引きずられた。そして、受益と負担の大きなズレ、取られるのにもらえないことへの批判が、最終的に自民党を権力の座に呼びもどしてしまったわけです。

こうして勤労国家からの脱却は、見果てぬ夢に終わりました。

アベノミクスへの対抗軸は「格差是正」ではない

第二次安倍政権が採用した政策はアベノミクスでした。前回、アベノミクスの限界について指摘しました。でも、もうみなさんもお気づきかもしれません。そう、結果の問題じゃなかったのです。新自由主義に代わる「成長のロジック」を安倍政権がみごとにひねりだした点こそが重要だったのです。

僕は「アベノミクスに成果があったかどうか」は重要な論点ではないと言いました。今度はこう言いましょう。むしろあの何でもありの政策動員、ネーミングの巧みさこそが重要だったのだ、もうこれ以上の政策はムリだと思わせたことに意味があったのだ、と。

これに対して、いまだに左派やリベラルのなかから、勤労国家に代わる新たな社会モデルは打ちだされていません。2019年の参院選で、立憲民主党が「ボトムアップ経済ビジョン」を打ちだしました。でも残念ながら、これがアベノミクスに勝てるという印象を国民に与えられるとは僕には思えません。

アベノミクスでは消費が伸びなかった、だから最低賃金をあげる、立憲のみなさんの気持ちはよくわかります。でも、もはやかつてのような成長はむずかしいという視点がすっぽり抜け落ちています。あのころの夢をまだ追いかけるのか、という意味で同じ穴の狢《むじな》という気がしてならないのです。

僕の疑問はシンプルです。最低賃金があがったからといって、大多数の中間層のくらしが豊かになりますか？　最低賃金があがれば、中間層の大学の授業料、老後のそなえ、家の購入、何もかもが安心できるようになりますか？　答えはＮＯです。

ようするに、いまだに格差是正や低所得層の救済という目線で政策が語られているのです。これは、「勤労国家」を前提としながら、そこで「ふつうのくらし」からこぼれ落ちる人たちを救いとる、という発想そのものです。説得のロジックとしては古すぎます。

内閣府の調査を見てみましょう。あなたの生活の程度はどれぐらいですかと聞いたときに、「下流」と答える人は５％しかいません。90％以上の人たちが「中流」と答えます。そうすると、左派やリベラルはどこに向かって話をしているのだと、この瞬間に僕は思ってしまいます。５％の人にメッセージを発信して政権をとれると思っているのは、非現実的すぎます。はっきり言って、あり得ないわけです。

しかも「世界価値観調査」という国際調査によれば、「所得はもっと公平にされるべき」と聞いてイエスと答える人の割合が58カ国中39位で、「格差の是正は政府の責任」という「国際社会調査プログラム」の問いに賛成する人の割合は33カ国中28位。この社会は明らかに格差是正に関心をうしなった。ここが出発点です。

ちなみに格差を小さくしたければ、お金持ちに税をかけるか、まずしい人に給付するかのどちらかだとふつう考えますよね。ところが、ＯＥＣＤの調査によると、税をつうじた格差是正力も、給付をつうじた格差是正力も日本は先進国最低レベルです。格差に関心を持つ人たちなら、こんな財政をつくるはずがありません。ここに現実があります。

それだけではありません。「世界価値観調査」のなかに「他人を犠牲にしなければ豊かになれない」という問いがあります。約４割の人がこれに賛成しています。他者はもはやともに生きる仲間ではなく、蹴落とすべき相手になりはじめているのです。

なぜこんなことになったのでしょうか。

内閣府の調査を見てみると、「老後が不安」と聞かれると、不安ですと答える人が85％、「暮らしがこれからよくなりますか」と聞いて、よくなりますと答える人が９％。どうでしょうか。みなさんから見て、「誰かが困っている社会」に見えますか。僕には見えません。「みんなが困っている社会」にしか。

「世界価値観調査」のなかに「国民みなが安心して暮らせるよう国は責任を持つべき」という問いがあります。これに賛成する日本の回答者の割合は約8割という事実が、この見かたを支持しています。だからこそ、「国民の生活が第一」と訴えた民主党時代の先取り感というか、大勝利を収めた理由が見えてくるわけです。

ところで、なんでみんなしんどいのに、自分を「中流」だと思えるんでしょうね。

それは、おそらく子どもと家をあきらめたからでしょう。40代以下の年齢層を見てみると、持ち家比率がものすごく減っています。かつ少子化ですよね。家と子どもをあきらめて、スーパーで安いものを買って、ファストファッションで身なりを整えて、なんとかぎりぎり中間層の生活を保っているわけです。

中流だとは言いますが、住むところや家族を持つことをあきらめて、やっと人並みのくらしができるというのは、ふつうに考えてまずしくなったということではないでしょうか。でも、それを認めようとしない社会。いや、認めようものなら、低所得層に転落しようものなら、自己責任論が重くのしかかってきて、まわりから見下されてしまう、だから怖い、そんなむずかしい社会構造が透けて見えませんか？

「再分配のわな」を直視せよ

単純なことなのです。みなさんも、社会の、人間の心理を考えてみてください。朝から晩まで必死に働く、なのにくらしはよくならない。節約に節約を重ねて子どもの教育費を貯める。いやそれどころか、出産や結婚すらあきらめる人がたくさんいる。でも、彼らは自分たちがまずしいとは認めない。そんな人たちに向かって、困っている人たちを助けましょうと言ってみてください。

Gさん　自己責任、自助努力の大合唱がはじまります。

井手　そうなんです。そこが怖いんです。

前々回に話した小田原市の生活保護ジャンパー問題を思いだしてください。市民から、全国からいろんな声が寄せられたけれども、そのなかで、公務員の取った行動を支持した人たちが45％に達したと言いましたよね。不正受給はもっといる、きびしく取り締まれという声です。このおどろくべき事実もまさに日本社会のかかえる闇だと思います。

それは「幻想としての中流」が生みだしている闇です。

相模原の津久井やまゆり園の事件も象徴的です。19人が殺されて、27人が重軽傷を負ったという事件でした。戦後最悪の事件のひとつですし、加害者が絶対的におかしいことはもちろんですが、その加害者自身が社会的弱者だったという事実をどう考えるべきかという問いが、ここでも浮かびあがってきます。

失業して、生活保護利用者になって、生活保護を打ちきられて、仕事が見つからなくて、薬物中毒でという、絵に描いたような社会的弱者が加害者。そしてその人が、社会のなかでもさまざまな困難をかかえている障がい者をターゲットにして、しかも、一人ひとり言葉がしゃべれるかどうかを聞いてまわって、しゃべれなかった人間だけを選んで、殺害におよんだ。

おぞましい話ですが、小田原と相模原の話に共通しているのは、左派やリベラルがやってきたように、強者と弱者で線引きをして、強者をたたいて弱者の味方をする、この構図が成立していないということです。

大勢の人がしんどい思いをしている社会で、「弱者」と「さらなる弱者」の間に線が引かれています。弱者は、さらなる弱者をたたく、ののしる、ときには殺すことによって自分の居場所を確認する、そんな社会になろうとしている、ということです。

多くの人たちのくらしに影が差すなかで、格差是正や低所得層の救済を訴えればどうな

図3-1　相対的貧困率と現金給付の規模の関係

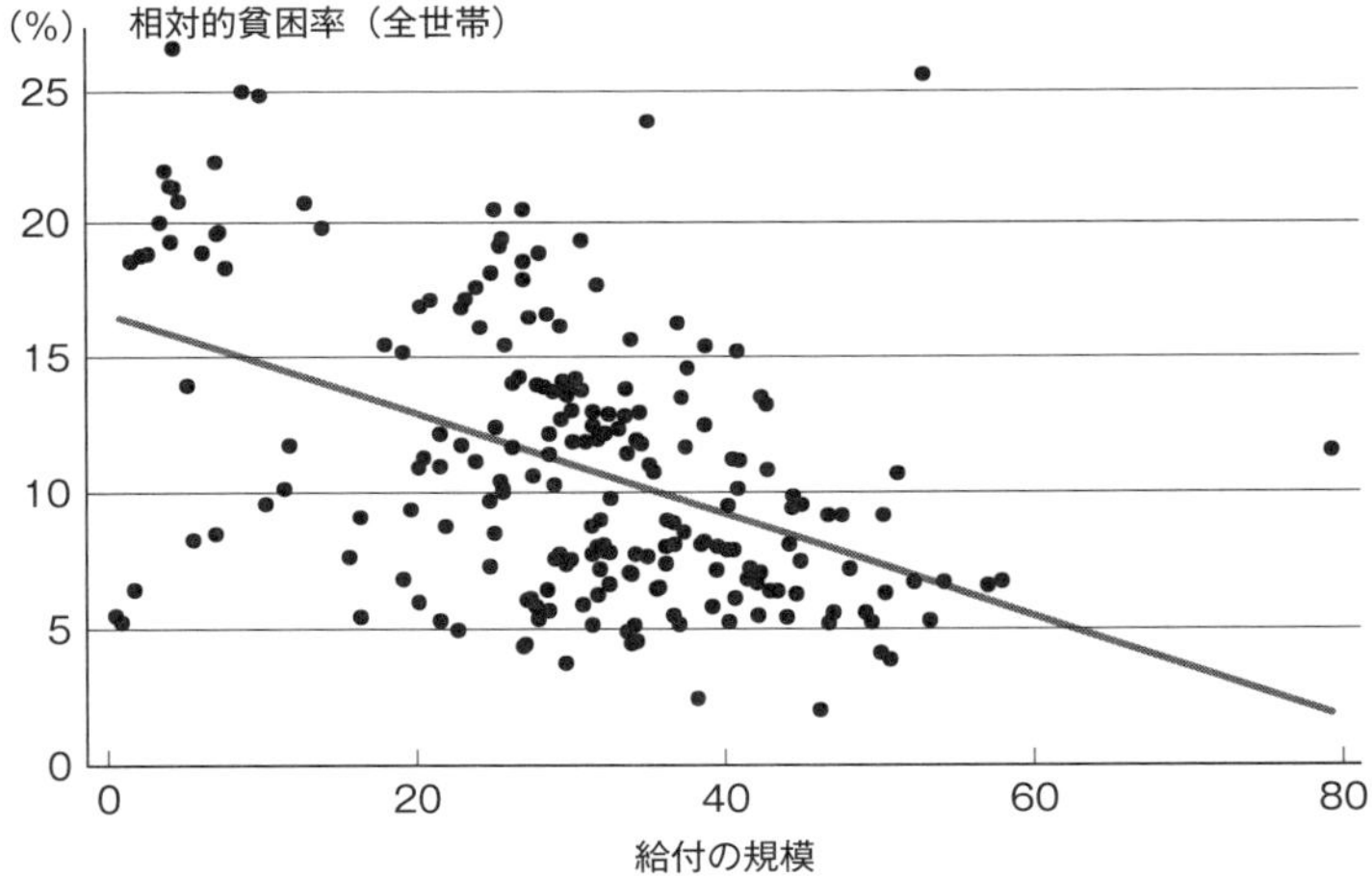

出典：Brady and Bostic（2015）, "Paradoxes of Social Policy: Welfare Transfers, Relative Poverty, and Redistribution Preferences"の手法を用いて、LISより計算
注：データは、LISに登録されている各国各年のもの。全ての国に同様の年数がそろっているわけではない

るのでしょうか。この疑問に今度は統計的に迫ってみます。

図3－1と図3－2を見てください。これらは僕の『分断社会を終わらせる』（筑摩書房）という本の共著者である古市将人さんがつくったものです。

まずしい人にだけお金をあげている国が左側なんですが、縦軸を見ると、貧困率が高く出ていることがわかると思います。反対に、困っている人だけを助けるのではなくて、少しずつ所得制限をゆるめていって、みんなにお金が行きわたるようになると、逆に貧困率はさがっていきます。これが僕らの言う「再分配のわ

図3-2　総税収と給付の規模の関係

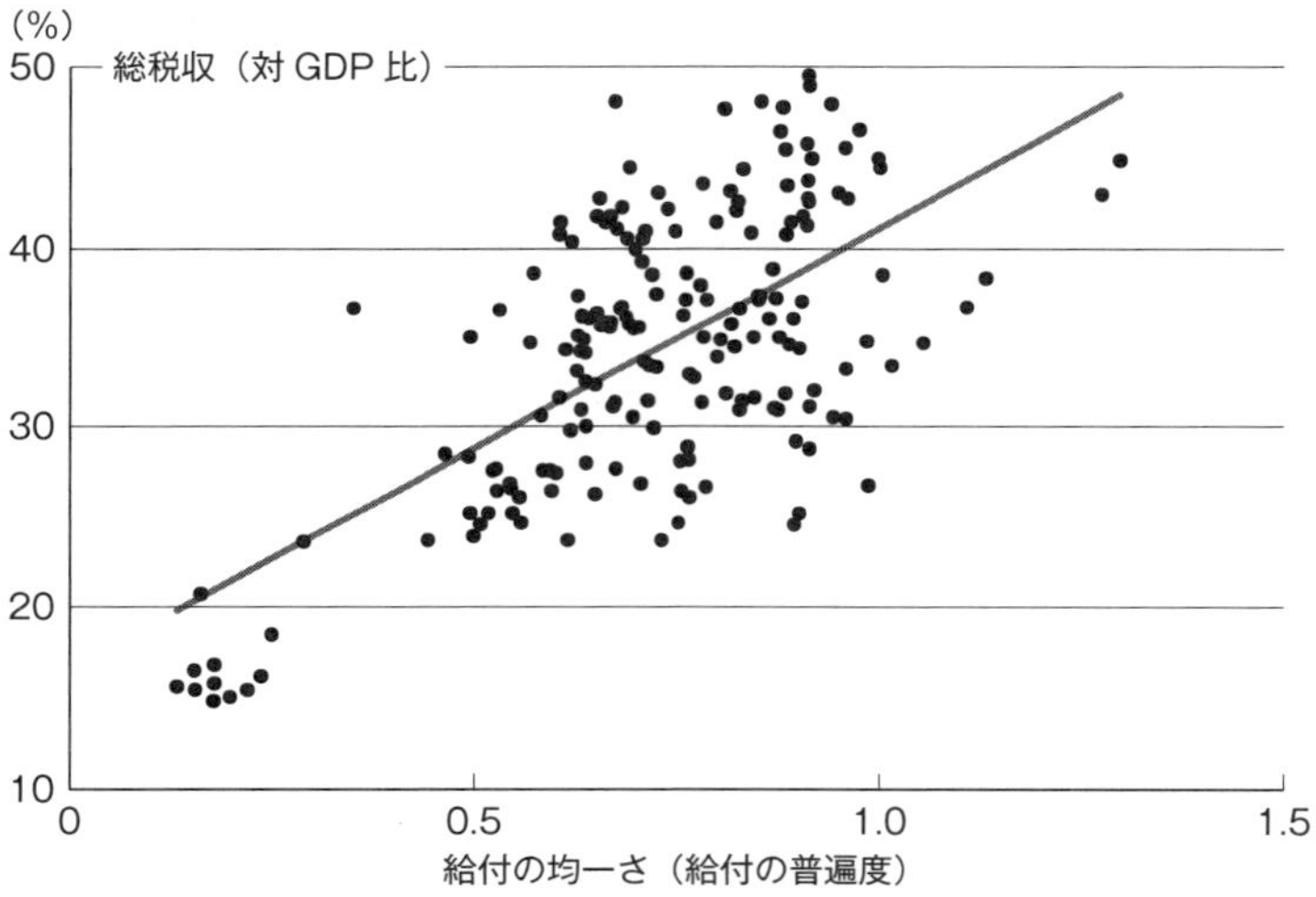

出所：井手英策・古市将人・宮崎雅人『分断社会を終わらせる』筑摩書房より引用

な」です。

困っている人だけを助けようとすると、その瞬間にさっきの90％の「中流」の人たちは、「自分には来ないじゃないか」と思います。そうすると税金を払うのはいやだから、税への抵抗が強まる。それを示すのが図3－2です。お金が集まらなければ、まずしい人をいくら助けようとしても、そもそものお金が足りてないから格差は是正されないわけです。

それだけではありません。いかに低所得層が不正受給やムダ遣いをしているかを暴きたてたほうが自分の得になります。うっぷんを晴らせるだけじゃなくて、経費をおさえられれば、自分たちの負担が軽くなると直感できますから。

あえて言えば、困っている人を助けようという人間の善意がむしろ格差を広げているのではないのか、ということ。これが「再分配のわな」で言いたいことです。左派はともかく、じつはリベラルと呼ばれる陣営もこの発想にどっぷりとはまりこんでいる。だから左派とリベラルの境界線がわかりにくいし、リベラルのすそ野が「右側」に広がらないと僕は見ています。

「中の下」の人たちの怒り

いま日本で起きつつあることは、他の国でも見られる現象です。"Strangers in Their Own Land"という本があります。岩波から翻訳も出ましたが、この本では、アメリカのティーパーティ運動に参加した人たちの価値観があざやかに描きだされています（『壁の向こうの住人たち』岩波書店）。

念のため言っておくと、ティーパーティとトランプ支持者はイコールではありません。ただし、最後にティーパーティ運動の人たちがトランプ支持にまわったから、トランプはなんとか勝つことができたという関係にあることは事実です。

この本で、運動参加者の気持ちを知ると、そっくりそのまま僕たちの国の話じゃないか、と思えてきます。

「政府は行いのよい市民から金を奪い、行いの悪い市民に提供している」「行列に並ぶ自分の目の前に見知らぬ人が割りこんでくる。自分たちはルールを守っている。だが、その人たちは守らない」「彼らはマイノリティ優遇措置や就職支援、生活保護、無料の食事などを通じて、人びとの心のなかにひそかな怒りの感情をつくりだす」「女性、移民、難民、公共労働者、いったいこうした優遇はどこまでつづくのか」

私たちの声を聞けという抗議、それがトランプ政権誕生の原動力だったことがわかるでしょう。当選した日、トランプ大統領は、返す刀でこうツイートしました。

「忘れ去られた男性と女性のみなさん、あなたたちはもう二度と忘れ去られることはないだろう」

みごとですよね。ポピュリズムというのは、要するに代表してもらえない人たちの怒りを吸いあげているわけです。そしてここから、ポピュリズムのなにが悪い、よいポピュリズムがあるんだ的な主張が生まれてくるわけです。

いまの日本で言えば、自民党が富裕層や大企業の利益を代弁する。左派やリベラルは低所得層や社会的弱者の利益を代弁する。するとどうなるか。全体の半数は無党派層になる。この層が草刈り場となって、ポピュリズム政治が台頭する、こういう図式です。

はっきり言ってこういう雰囲気は気味が悪いです。

「よいポピュリズム」が訴えるのは民意の大切さです。でも、民意を汲みとることが大事なんて当たり前じゃないですか。それを開き直るのではなく、ポピュリズムではないかたちで、丁寧に議論を積み重ねて合意を重ねる、というのがあるべき姿でしょう。

もちろん、既存政党の機能不全は問題です。この社会はさまざまな人たちから成り立っています。そして価値観も細分化されてしまいました。この変化し、多様化した価値観に古いイデオロギーで向きあえば、当然、ズレが起きる。それは事実です。

では、そのときどきの民意にのみ忠実で、人びとの関心を引くような政策のかたまりをつくればそれでよいか、と言われれば、それはそれで別の問題が生まれます。

王道へ帰れ

ひとつの例をあげましょう。2019年の参院選では消費税の廃止を訴える人たちがいました。れいわ新選組です。たしかにインパクトはあります。ですが消費税を他の税に置き換えることがどれだけ現実的なのか、もう少しまじめに考えるべきです。

ヨーロッパの歴史に学べばわかるように、高度経済成長期、つまり今年よりも来年明らかに所得が増えるとわかっていた時代であれば、富裕層も大企業も高い税を受け入れることができました。ですが、成長が停滞したオイルショック以降、それができなくなったからこそ、どの国でも付加価値税、つまり日本でいう消費税の税率をあげました。

あとで述べますが、消費税はばく大な税収をあげます。これを個人や企業への所得課税だけでまかなおうとするとどうなるか。信じられないような高税率になります。

あるいは、400兆円をこえる内部留保に課税すればよい、と言う人もいます。まず、この400兆円のうち4割近くは中小企業のものです。内部留保課税をやったアメリカが短期間でこれを廃止した最大の理由は、あいついだ中小企業の倒産でした。

そこでこれを除外した250兆円に課税するとします。消費税10％の税収は約28兆円。250兆円と言われると巨額に聞こえますが、10年もしないうちに内部留保は枯渇してしまいます。みなさんの手元には消費の10％分のお金が残ります。でも、おそらく日本経済は破たんしてしまうでしょう。

議論も積み重ねずに民意、民意でやっていくと、政策は無茶苦茶になってしまう。「ポピュリズムでなにが悪い」ではなく、「実現可能性のある政策と政策を闘わせる王道へと立ち帰れ」と僕は言いたいです。既存政党のなにが問題で、どこがズレているかをもっと丁寧に議論していく、しかも、それを草の根で、僕たちの身近な場所で。

思いだしてください。アメリカと同様の動きはイギリスでも起きました。ブレグジットです。これらが自己責任社会に共通するできごとだったというのは、心に刻んでおいていいと思います。自己責任社会の変えかたこそが、いま問われているんです。

かつてファシズムが台頭したときもそうでした。中間層の転落の恐怖、それを利用する利害関係なき政治家の出現、これこそが歴史を動かしたのです。だから、ヨーロッパでは、福祉国家というかたちで、中間層の生活を保障する仕組みを考えてきたわけです。

話をもどしましょう。僕があの明治の話をしたかった理由ももうおわかりですよね。

Cさん 長年耐えてきた人たちの鬱屈した思いですね。

井手 そう。ずっと耐えてきた人たちが明治になって自己責任を声高に叫びはじめ、自分たちの声を聞けと言って自由民権運動のうねりを起こした。置きざりにされた人たちの怒りが歴史を動かしてきたのです。ここを政治はポピュリズムとはちがうやりかたでつかみとらないといけない。

図3-3をみてください。「あなたの所得階層はどこですか」と聞いたときに、「中の

図3-3　日本人の階層意識～あなたはどの階層に属していますか？

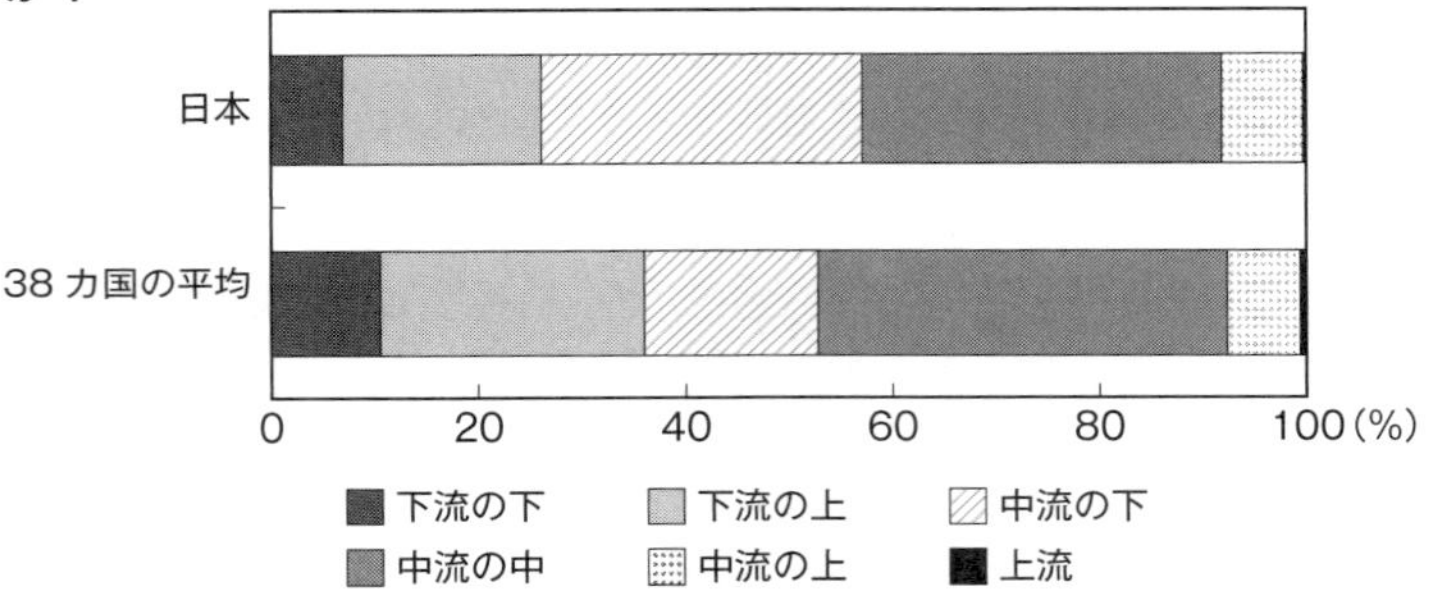

出所：ISSP, Social Inequality 2009より作成

下」と答える人の割合が38カ国中で1位なんです、日本は。反対に「下の上」と答えた人は29位。本当は「あっち」なのに、ぎりぎり「こっち」で踏ん張っていると信じたい人が大勢いる社会だということです。

「中の下」の人たちが低所得層と組めば権力をとれます。過半数を超えます。もし、「中の中」と答えた人まで仲間にできれば圧勝します。逆に「中の下」が豊かな人たちと組めば、弱者は追いつめられます。低所得層の味方をする政治の最大の弱点はここです。つまり、自らの主張が敗因をつくっていっているということです。

僕たちの本当の選択肢、戦略は、「中の下」をわしづかみにして、新たなる中低所得層の連帯をつくる、ということのはずなんです。オルタナティブのヒントはここにあります。「中低所得層の新たなる連帯」こそが次の政治のカギになるのです。

民進党に示した「オール・フォー・オール」路線

声なき声に耳を澄まし、そして中高所得層の連帯ではなくて、中低所得層の連帯をうながすような政策、これこそが僕の考えた「頼りあえる社会」の構想でした。前原誠司さんが代表になった当時の民進党でこの路線が採用され、「オール・フォー・オール（みんなの税をみんなのために）」というキャッチフレーズも生まれました。

わかりやすく説明するために、図3－4を見てください。

Aさん、Bさん、Cさんがいて、それぞれの年収が200万円、600万円、1000万円とします。いま、AさんとBさんの所得格差が3倍、AさんとCさんで5倍開いていますね。ここを確認しておいてください。

国全体の租税負担率が25％なので、それになぞらえて25％の税をみんなにかけます。税率は何％でも構いません。すると、手取りは75％になるので、150万円、450万円、750万円が手元に残ります。簡単な計算ですよね。

図3-4 「頼りあえる社会」の構想

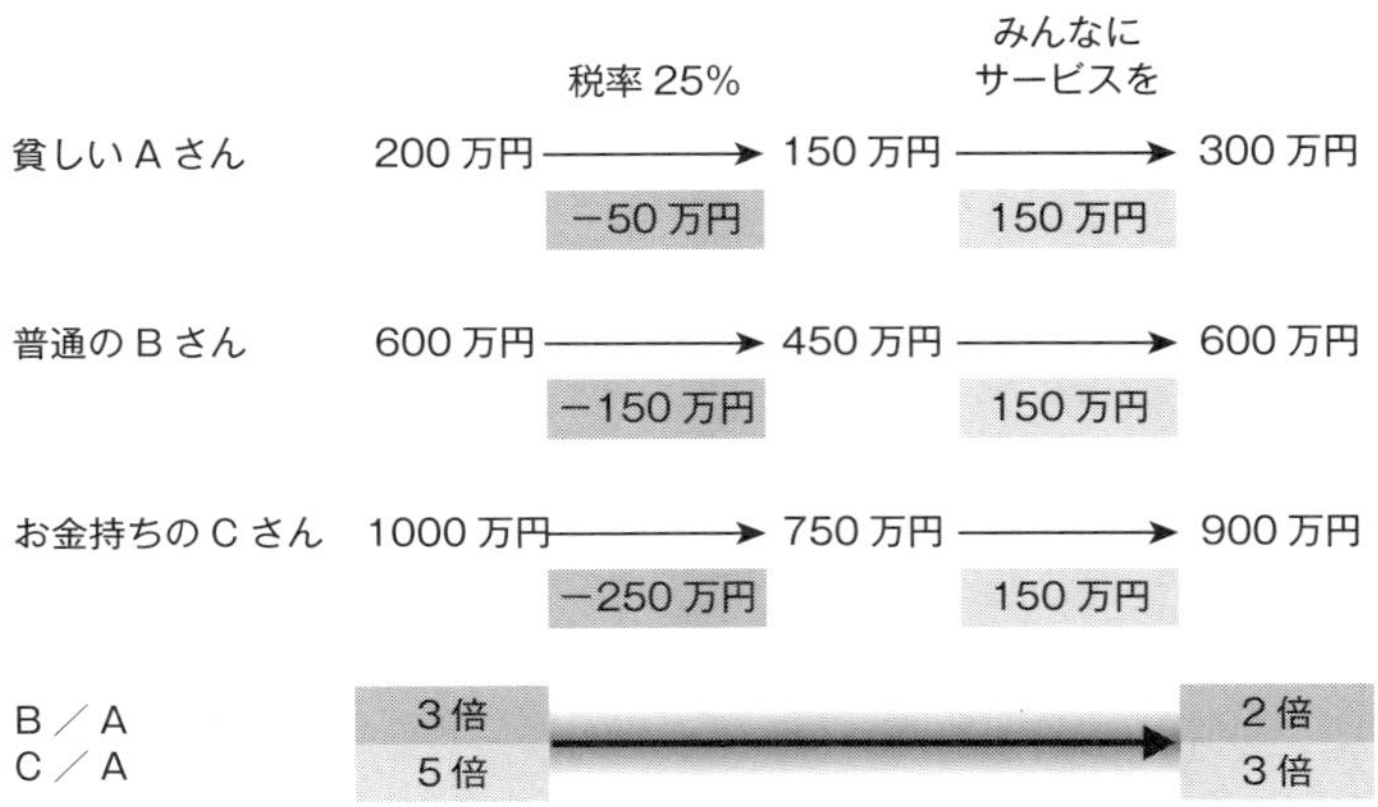

いま、４５０万円の税金があがってきているので、この税金を１５０万円ずつ、それぞれに現金ではなく、サービスで提供していきます。いいですか、現金ではなくて、サービスです。たとえば、医療の自己負担が軽くなる、介護の自己負担が軽くなる、幼稚園・保育所が安くなる、大学の授業料が安くなる、何でも構いませんが、サービスを三人に等しく、提供していきます。年金のようにお金をあげるのではありません。

くらしの経費が安くなれば、実質的には所得が増えたのと同じですよね。だって、大学に授業料を払わなくてすむようになれば、その分、所得が増えたのと同じ効果を持ちますから。最終的なくらしは３００万円、６００万円、９００万円、ＡさんとＢさんの格差は

2倍、AさんとCさんの格差は3倍に小さくなっているのがわかると思います。

これはいわゆる北欧型の社会民主主義モデルを土台にした考えかたです。北欧モデルと僕のビジョンとのちがいについては、最後の次回にお話します。

僕の友人でモニカ・プラサドという研究者がいます。彼女がニューヨーク・タイムズにおもしろい記事を投稿しました。それは、所得格差の小さな国は、富裕層から税を取り、これを低所得層に給付するというモデルを採用してこなかった、ということです。

実際、ヨーロッパの経済的に平等な国では、政官労使が連帯し、また消費税を中心として多くの税収をあげながら、これをすべての人びとに手厚く給付して、所得格差を小さくしてきました。このオーソドックスな社民モデルが日本に定着していないこと、それどころか、左派やリベラルからはこうしたモデルが目の敵にされてきたことに根源的な問題があると思います。

「救済の政治」から「必要の政治」へ

実際に僕のモデルは左派からだいぶ批判されました。

これはみなさんもお感じになっているかもしれませんが、よくあるのが、Aさん、Bさん、Cさんが1対1対1となっているのはおかしいという批判です。お金持ちのCさんが税を余計に払ってみんなを助けているわけですよね。でも、Cさんが1人しかいなくてAさんが100人いたらこのモデルは成立しないじゃないか、という批判です。

この批判は2つの意味でまちがっています。

ひとつはまずこれは原理の話をしているのであって、もし、いまみたいにCさんが1人でAさんが100人いたとしても、モデルほど大胆に格差が縮まらないだけの話であって、格差が小さくなる事実には変わりはない。まずこれが一点。

2つ目に、Aさんを年収300万円以下の層、Cさんを900万円以上の層と分けたとき、それぞれの層の現実の人口をもとに再計算しても、格差を是正する効果は図3-4と変わりません。

もうひとつ出てくる疑問として、「Cさんが250万円取られて150万円しかもらえなかったら反対するんじゃない?」という声もありました。「実際には富裕層は低所得層を搾取している」というイメージが根底にあったのでしょう。

これはライフモデルです。あるときは得をしたり、あるときは損をしたりしますが、それらを一生涯で見てみようということです。すると、こんな感じで負担と受益がバランスしている、一生涯で見れば損をする人もいる、ということなんです。

ここでみなさんに質問です。みなさんは保険に入ってますか？ 医療保険でも養老保険でも生命保険でも学資保険でも何でもいいです。

Eさん 入ってます。というか、入らないと怖い。

井手 ですよね。でも、それで得すると思ってます？

Eさん 絶対に損すると思います。でも、そなえだから……。

井手 ということです。損するのに入るっておかしい。でも入る。なぜか。

人生には、何度かお金のかかる瞬間があって、その瞬間をしのぎ切るために、みなさんは損をするとわかりつつ保険に入ってるはずです。子どもが生まれたとき、大学に行くとき、大きな病気をしたとき、介護や老後、それらにそなえて、みなさんは損をすると思ってても保険に入っているはずです。つまり「安心を企業から買ってる」わけです。

だったら同じでしょう。もし、税を使って、みんなの子育てや大学、医療や介護、障がい者福祉の自己負担を軽くする。そういう社会にできたとしたらどうでしょう。損をしたり、得をしたりするけれど、そのときどきでみんながビクビクしなくていい社会。結局は損をするかもしれないけれど、ここぞというときに安心して生きていける社会。つまり、「安心を企業から買う」ではなく、「税でみんなの安心をつくる」わけです。まずしい人に税がいき、自分は負担者、自己責任で貯蓄、という社会との決別です。

もっと技術的な話をしましょう。サービスって見えないんですよ。現金は見えますけれど。もし、ベーシック・インカムで言われるように、みんなに150万円配ったらどうでしょう。「何で税金をたくさん払ってる自分が、まったく払ってないあいつと同じ150万円なんだ」って気づいてしまいますよね。

でも、サービスは気づきません。お子さんが幼稚園や保育所から帰ってきたときに、「あ、いいね。今日、うちの子8000円分サービスもらってきた」ってわかりますか？　病院に行って聴診器あてられてヒヤッとして「あっ、これ500円だ」ってわかりますか？　サービスはいくらもらったか見えないのです。ここがきわめて重要なのです。損をしたか、得をしたかが、可視化されない。ここに社会民主主義の知恵があったのです。

おまけにサービスは必要な人しか使いません。お金は嘘をついてでももらおうとしますけどね。このちがいも大きい。

もし「障がい者に車椅子を貸しだすサービスをします」と言ったときに、みなさんは足が不自由なふりをして、わざわざ車椅子を借りに行きますか？　行かないでしょう？

じゃあ、「障がい者にお金をあげます」と言ったらどうですか。「障がい者です」と言ってお金をもらいに行く人がどうしても出てくるでしょう。だから現金給付はだめなんです。僕たちの心に疑心暗鬼を生んでしまうから。

民主党政権のときに、子ども手当というと高齢者が猛反発した。なのに乳幼児の医療の無償化は全国でいまどんどん進んでいます。前者は「子育てに金はいらない、年金を増やせ」だったけど、後者は「孫の命には変えられない」になっている。ここがお金とサービスの決定的なちがいなんです。お金は嫉妬と疑いを生んでしまうのです。

もう一点、サービスであれば、目に見えないうえに必要な人しか使わない、だから少ないコストですむ、というメリットがあります。大学が無償化しても、それを使う人は一部ですよね。でも、ベーシック・インカムなら、全国民にお金を配らないといけない。

僕は「ベーシック・サービス」という言葉を使っています。医療、教育、介護……考えてください。みなさんは、生まれて1週間、2週間ほったらかしにされて生きのびられた自信がありますか？ ないでしょう？ 育児保育はすべての人間が必要とするサービスです。病気にならない人がいますか？ 老後に絶対自分は介護が必要ないと言える人がいますか？ 生まれてから死ぬまで教育は必要ないと言える人はいますか？ いませんよね。

誰もが必要とする、あるいは必要としうるサービスを僕は「ベーシック・サービス」と呼んでます。これをすべての人に提供するということです。

いいですか。これは所得の多寡とは関係ありません。僕たちは所得ごときで人間の扱いを変えません。人間が生きていく、くらしていくための共通の必要、基礎的ニーズを徹底して保障する。そう、理念を「救済の政治」から「必要の政治」へと変えていくのです。

「頼りあえる社会」へ

ここで強調しておきたいのは、以上の政策パッケージが新自由主義のメカニズムを無効にするという点です。というのも、どこから、誰から予算を削るか、受益を減らすかという政治闘争ではなく、税なり、給付なり、どのくらいの水準で税負担を求めるべきか、どのくらいの水準で保障を行うべきか、が新たな争点になるからです。

とくに大事なのは、弱者をたたく意味がなくなることです。みんなが受益者になれますから、前回も指摘したように、中低所得層も連帯を強めていきます。

ここは大事だからもう一度言いますね。

中間層であるBさんから見れば、Aさんの味方をするほうが政治的には得になります。Aさんはかわいそうじゃないか、あんなに一生懸命働いて200万円しかもらっていないのだから、もっとしっかりくらしを支えてやれ、150万円のサービスじゃ足りない、という具合に。なぜなら自分ももらえるからです。だからBさんはAさんと連帯することに意味を見いだします。

また、Aさんのあら探しをしたり、ムダ遣いを袋だたきにする意味もなくなります。なぜならすべての人びとが受益者になるわけですから、彼らのサービスを削れば、自分のサービスも削られます。みんなが同じように政府に扱われているわけですから。疑心暗鬼に陥る必要も、政府を非難する理由もそもそもないわけです。

リーマンショックのときのフランスの話です。ロレアル創始者の娘リリアン・ベタンクールが中心となって、「われわれ富裕層に増税を」という嘆願書を政府に出しました。特別貢納税という税です。日本では信じられない話です。

でも、中低所得層が連帯する社会では、危機の時代に富裕層はやり玉にあげられます。だから、私財を投げだす、というアクションが政治的に有効になる。どうせ課税されるなら、自ら言いだしたほうがいい、そういう面があったわけです。

じつは、歴史的に見ると、富裕層への大規模な課税が実現するのは、戦争やリーマンショックなどの危機が起きたときに限られるという現実もあります。

ケネス・シーヴらの『金持ち課税』(みすず書房)というおもしろい本があります。これによると、富裕層への課税強化がなかなか共感を呼ばない政策であること、そして、実際、アメリカでは「最高税率をかつてのように引きあげる」という主張には、ほとんどの人たちが関心を示さなかったという調査結果も示されています。

日本では誰かに頼ることを悪いことだと考えがちです。人様のご厄介になるのは恥ずかしいことだ、自己責任を果たせない、自助努力で生きていけないのは情けないことだ、そうした風潮がある。

でもおかしくないでしょうか？

そもそも自助努力って何でしょう。みなさんが学校に行かれてたとき、それが国立であれ、私立であれ、そこには巨額の税が投入されてたはずです。みなさんが水道や下水道を使うとき、みなさんが病院で診察を受けるとき、道路を車で走るとき、図書館で本を借りるとき、くらしのあらゆる面で、誰かの払った税のサポートを受けています。片方では自分は誰かに頼っているのに、返す刀で他者に自助努力をうながすのはアンフェアです。

税のサポートがなければみなさんの自己負担は大変なことになります。病院なら毎回十割負担です。もしケガをした、病気になった、上司とケンカした、ちょっとした不運がみなさんを襲ったとき、みなさんは絶望的な未来に直面することになります。現実に、多くの人たちがその将来不安におびえているわけじゃないですか。

僕はもう自己責任の社会は終わりにしたい。それを別の社会に置きかえたい。みんなで痛みを分かちあい、みんなで喜びを分かちあいながら、お互いがお互いに頼りあってもいい社会、いや、もっと言えば、税をつうじてまっとうな支払いをしながら、「頼るという権利」を行使する、そんな「頼りあえる社会」をめざしたいのです。

新自由主義からアベノミクスへ、いやいやアベノミクスじゃなくボトムアップだ、そんなふうに成長のロジックをつくりかえるのではなく、ラディカルに、財政のありかた、支えあいのしくみそのものを変えていくべきだと僕は思っているのです。

どのくらい税をあげるのか

すると、「井手さんの言いたいことはなんとなくわかった、でも、じゃあどのくらい増税すんの」という話が次にきますよね。リアルなお金の話が……（笑）。

細かい計算は『幸福の増税論』（岩波新書）という僕の本を見てください。今日は結果だけ言います。話しているこの時点では、消費税は8％ですが、みなさんがもし消費税をもう7％あげる提案に賛成してくだされば、幼稚園、保育園、大学、病院、介護、障がい者福祉、ほぼ無償化できます。

ここで言う無償化ですが、たとえば小学校では学用品費がかかりますよね。修学旅行費や給食費もかかりますよね。これらをなくすことも含めています。介護士、看護師、保育士の処遇を改善しましょう。小学校中学校の先生の数も増やしましょう。それ全部ひっくるめて、7%くらいの増税が必要だということです。もしみなさんがいい人たちで、もう3%強あげていいよとおっしゃってくだされば、毎年の財政赤字も消えます。

少し話がややこしいのは2019年10月に消費税は10%になる予定で、増税分のうち、1%が幼保無償化と大学授業料の負担減にまわり、1%が財政再建に向かうことです。ですが、これを勘案しても、最大19%くらいの消費税で将来の安心と財政健全化が実現できます。

「はっ？　2割近い消費税？　冗談じゃないよ！」と思うかもしれません。

でも、待ってください。それでもOECDの平均をやや上回る程度の負担でしかないんです。それだけこの国は税金が安かったということ、言い換えれば、自己責任の度合いが強かったということです。

命がけで働いて、銀行にお金を貯めて、将来にそなえる社会をつづけられるならそれもいいでしょう。ケガしたり、病気したり、失業したりしたら家族や子どもたちが大変な目にあいますが、そんな人はごく一部で、個別の救済策を準備しておけばいいのです。

しかし、いまはその「当たり前」が「当たり前」ではなくなり、大勢の人たちが苦しんでいる時代です。勤労国家をつづけていくのがいいのか、銀行に預けるはずのお金を税金に置きかえて、このお金を毎年度、毎年度、医療に介護に教育にと使っていく社会がいいのか、どちらなんだ、ということなんです。自己責任の社会をつづけるのか、みんなの蓄えをつくり、誰もが安心して生きていける社会をつくるのか、どちらなんだ、と。

これは社会のありかたであるのと同時に、経済のありかたの問題でもあります。

このなかで自分が何歳で死ぬか知っている人いますか？

Bさん　いません。

井手　だから、90歳、100歳まで生きてもいいように貯蓄するんじゃないですか。95歳まで生きると年金と別に2000万円が必要という話も、ようは、それほど将来まで自己責任を貫きとおさなければならないのが勤労国家だということなのです。

はっきり言ってバカげています。だって、平均寿命を見ればわかるように、たいていの人は95歳よりも先に死ぬはずですよね。でもそれにそなえる。どう考えたって過剰貯蓄、逆に言えば、巨大な消費が国全体でおさえられているわけです。消費が伸びない、経済が成長しないのも当然です。

しかもこの銀行に集まったお金は、私のかわいい子どもは60歳よ、70歳よと言って、その年をとった子どもたちに相続されて、またみんな銀行にお金を寝かせておくわけです。将来が不安なのですから。景気がよくなるはずがないのです。

しかも、これが前回言ったように、おそろしい所得「逆」再分配をともなっています。まずしい人も含めてみんなで払っている税金が、利払い費として金融機関に流れこんでいくわけですから。その額だけでも消費税２％近くに達しているはずです。

国債増発を訴える左派の人もいますが、これはものすごい論理矛盾だと思います。だって、みなさんのなけなしの預金を使ってあえて格差を広げるのですから。

「貯蓄ゼロでも不安ゼロ」をめざす

僕の提案は、このお金を政府が税で引っ張りだして、毎年度、僕たちのくらしのために使おうというものです。みんなが病院に行ける社会は、医者が足りない、看護師が足りない、薬が足りない、だから雇用が生まれ、新たな資金循環が生まれる。それは必ず所得となって、税収となってはね返ってくる。成長を「目的」から「結果」に変えるのです。

最低賃金をあげても経済が成りたつとすれば、それは成長がなければなりません。その意味で、これもやはり、成長を目的化した発想から抜けられていません。

でも、それがあがったところで、人びとの将来不安はなくなりません。教育費だけで子ども一人に1千万円、2千万円とかかる社会なんです。これと別に医療費や住宅費や老後のそなえやと山のようにお金がかかる社会なんです。

誤解しないでください。最賃をあげるのに反対なのではありません。

でも、時給が数百円あがって不安がなくなるわけではありません。それどころか、企業の体力とのバランスをよほど慎重に見極めないと、最賃をあげてもボーナスを削られたり、正規の雇用を減らされたり、中小企業が倒れたりして、もとの木阿弥になります。

だからそうではなくて、徹底的にくらしを保障して、マクロの新たな資金循環をつくる大胆な政策を打ちだすべきなのです。僕はこう言いたい。成長幻想を終わらせて、「貯蓄ゼロでも不安ゼロの社会」をめざそう、財源論から逃げなければそれはできる、と。

ここまで言っても、まだ、「税金なんて……」と言う方がいらっしゃるでしょうね。税は本当に誤解されていますから。

みなさん、この簡単な事実を知ってますか？

租税負担率がさがると、何が起きるでしょうか。家計の貯蓄率があがります。これは統計的に明らかなことです。つまり、税と貯蓄は同じコインの裏表なんです。みなさんが税を払わなければ、自己責任で貯蓄しなければいけない資金が増えるのです。

貯蓄が増えると嬉しいかもしれません。資産ですから。でもそのお金は自分の消費にはまわせませんし、資産が増えたかわりに、教育に、介護に、と支出も増えます。反対に税は所得を減らしますが、くらしに必要な経費を軽くしてくれるのです。

貯蓄は資産、税は取られるものと言いますが、利子もろくにつかない時代に使えない資産を銀行に寝かせておく、税を取らないから財政がきびしくなって支出の削減圧力がかかる、これではデフレになるしかありません。税は嫌だではなく、僕たちの払う税を僕たちのくらしにきちんと使え、そう主張することが大事なんです。

人間が生きていくには、そこに必ずニーズが生まれます。赤ん坊がオギャーと生まれてきたら、育児・保育のニーズも必ず生まれるんです。これをお母さんが満たすのか。お父さんが満たすのか。できなかったら、金を払って人にやらすのか。税金を払って国にやらすのか。それだけの話です。もしお父さんかお母さんが子育てすれば、お金はかかりません。そのかわり、疲れますし、仕事に行けない分、収入は減ります。

スーパーに買い物に行く。100円のものが108円だったけど、120円になる。たしかにしんどい。でも、そのかわり、貯蓄に血眼になることも、将来の心配をする必要もなくなる。わかりますか。税とは、財政とはそういうもの。「くらしの会費」なんです。

もう一度言います。税は痛みである。それはたしかに取られるだけならそうです。民主党政権時代のように、５％取られて自分にはほとんどもどらなければ、そうでしょう。でも、使いみちをきちんと議論すれば、それは「くらしの会費」に変わる。僕たちが知恵をしぼるべきは、使いみちなんです。税を取られることじゃない。使いかたに怒らないといけないんです。

消費税の多収性

これまで、消費税を例に議論をすすめてきましたが、別に所得税や法人税、それらの増税がいらないと言っているわけじゃありません。税には公正さが大事です。持てる人びとが応分の負担をすることは当然です。

Bさん　でも、井手さんはそうは思われてないですよね。消費税論者だと多くの人たちが思ってます。

井手　そうなんです。消費税だけでいいなんて僕は一度も言ったことがないのですがね。僕の意見はとてもシンプルです。富裕層や企業への増税は必要です。でも、消費税を抜きに金持ち増税だけでまわるのか、と言われたら、それはムリだということです。

高度経済成長期を見てください。国税と地方税をあわせて、所得税の最高税率は90％に達していました。法人税率も先進国で最高水準でした。僕たちは、そのころといまとを同じ前提で、時間をとめて考えてませんか？

でも、その前提はもう、根本からくずれてしまっています。

所得課税が高水準になるのは、さきにも言いましたように戦時期です。ところが、戦争が終わってどの国でも、くらしがきびしい状況がつづいた。まずしさに多くの人たちが苦しんだ。だからこそ、「金持ちに課税する」という政策に共感がえられたのです。

おまけに、毎年、毎年、企業の収益が、個人の所得が、大幅に増えていました。そんな時代だからこそ、取られるほうも高い税率を受け入れることができたのです。取られてもどうせ来年はまた所得が思いっきり増えるんですから。

でもいまでは、多くの人びとから「まずしさ」の記憶が消えてしまいました。しかも、企業も個人も所得が以前のようには増えません。そんな状況でかつてと同じように高率の課税が可能かと言われたら、それはやはり難しいと言わざるをえないのです。

それともうひとつ、税収の調達力の問題があります。消費税を1％あげると2・8兆円の収入が生まれます。もしこれを金持ち増税で実現しようと思ったらどうなるか。年収約

1200万円以上の人たちの所得税を1%あげたとしたら、1400億円にしかなりません。僕の提案は消費税を11%あげようというもの。すると、給与所得1200万円以上の人たちの税金を220%あげないといけません。こんなことができますか？

あるいは法人税を1%あげると5000億円くらいですから、消費税分の税収をあげたかったら56%も税率をあげないといけません。法人税の引きさげ競争が起きているなかで、法人税率を100%近くにするなんて絶対ムリです。やってもいいですが、日本経済はパニックになると思います。内部留保についてもさっきお話ししたとおりです。

あるいは金融資産課税、利子配当所得への税を5%増やしても2000～3000億円、相続税を5%あげても5000億円程度にしかならないでしょう。ですから、消費税を軸にするしかない。これを外すと本気の社会改革はできない。消費税を軸にしながら、いくつかの税を組みあわせて、消費税のあげ幅をさげるという発想を僕はとる。

EU加盟国は、日本の消費税にあたる付加価値税を15%以上にしています。消費税を抜きに手厚い保障はできないのです。そして連邦レベルで付加価値税をもたないアメリカは、常に小さな政府でやりくりをし、民間に保障の義務づけを行うしかなかった。そのやりかたがもたなくなったからトランプ現象が起きたわけです。

最近、「現代の貨幣理論（Modern Monetary Theory=MMT）」という議論が取りあげられます。この議論が日本とアメリカの左派で注目されているのは面白いですよね。日本では左派から消費税への反発が強く、アメリカには連邦レベルでそもそも付加価値税がない。だけど金持ち増税だけでやれることはたかが知れている。ようするに、税をつうじて人びとのくらしを保障するということが難しいふたつの国では、借金によるバラマキを左派が主張するしかない、ということではないでしょうか。

消費税の誤解をとく

日本の左派やリベラルは消費税への反発が強い。これは本当にしんどい問題です。2017年の衆院選、2019年の参院選でも左派・リベラルみな増税反対でした。景気が腰折れする、まずしい人の負担が大きい、逆進性の強い悪税だという批判です。

これらは不当な批判ではありません。ただ、景気の腰折れについては、これまでの経験から消費は1年程度でもどっていますから、まっとうな景気対策を時期を限ってやればいい。むしろ税の公平さのほうが議論が必要なのだと思います。

みなさんはどうして消費税が誕生したかご存知ですか？　それは、貴族でさえ逃れられない、公平な税という理由からでした。この本質があまりにも見過ごされてます。所得税や法人税はいくらでも課税から逃れられます。所得を国外に移す。所得の源泉を労働所得から不労所得、つまり株などに移す。税法の目をくぐり抜けるような節税手段だってある。でも、消費税は物を買えば金持ちでも必ず取られます。

そうそうおもしろい話があるんです。せんだって自宅近くの小学校で授業をやらせてもらったんです。そこで素晴らしい経験をさせてもらいました。

子どもたちに聞いたんです。税金をまずしい人たちや外国人が使うことをみんなはどう思う、って。正直、こちらは否定的な答えを予想していました。でも、子どもたちにこう言われました。「別にいいと思います。だって、まずしい人だって、外国人だってちゃんと消費税を払ってるんだから」って。

おどろきました。彼らにとって税金は消費税しか実感がないんです。だからでしょうね、お金持ちも、まずしい人も、みなが負担しあう税だということをきちんと理解していたのです。みなが払うからこそ、政府からサービスを受けとる「権利」がまずしい人にも、外国人にもあるということを、みごとに見抜いていたんです。

消費税論議が不毛なのは、税の一部の性質だけですべてを語ろうとすることです。

所得税は累進性を持たせることで、富裕層により重い税を課すことができます。でも、労働者、個人事業主、農業従事者などのちがいで、税負担が変わるという問題がありま す。給与所得者は源泉でしっかり持ってかれる、という批判はおなじみですね。

消費税には逆進性があります。そのかわり、給与所得者でも、農業従事者でも、自営業者でも、同じ年収の人が同じ消費をすれば同じ税がかかります。これは所得税にはないちがった意味での公平性です。何よりダントツの税収調達力があります。ようするに税は一長一短、その組みあわせが大事だということです。

もうひとつ、税と給付を別個に議論するのも大きな問題だと思います。

みなさん、ディズニーランドに行きます？　僕は乗り物酔いしちゃうんで絶対に嫌なんですが、長時間並んでも行く人がいますよね。そのとき、入場料や行列だけじゃなく、アトラクションや雰囲気、つまり負担と受益を総合して判断してるはずですよね。

だったら、取られる税と受け取るサービスを考えないと、利害得失は測れないじゃないですか。僕は税を取り、それを全員に配るという選択肢を示しましたよね。でも、左派であれば、たとえ消費税が逆進的でも、その税収をすべてまずしい人たちに使うと言えばいいはずです。でもそうはならない。消費税＝悪税で議論がとまってしまう。

野党共闘の限界

負担と受益の組みあわせ、ここは本当に大事な点です。

消費税に逆進性があろうとなかろうと、そもそもの話、お金持ちのほうがたくさん税を払っていますす。ベンツを買う、大きな家を買うって、お金持ちはやるわけですから。そして、そのお金を使って等しく分配すれば格差は絶対に小さくなります。

年収2000万円の人にとって、100万円の給付は収入の5%のメリットしかありません。でも、年収200万円の人には50%のメリットがあります。だから当然格差は小さくなる、それだけの話です。

ヨーロッパの大半は日本より付加価値税率が高いですね。でも、ほとんどの国が日本より格差が小さいでしょう。ようは、そういうことです。税と給付を結びつけて、一刻も早く、生活苦にあえぐ大勢の人たちのくらしを変えるべきだと心の底から僕は思います。

税をめぐっては、「金持ちは余裕があるのだからもっとたくさん払うべきだ」という主張があります。僕はこの嫉妬と裏表の公平観すらも変えたい。

僕ならこう言います。消費税をつうじてまずしい人だって痛みを分かちあっています。だから、生活にゆとりのあるみなさん、株でもうかって思わぬ収入のあったみなさん、みなさんも応分の負担をお願いします。

僕たちは税収を人間に使い、労働者の質を高め、労働者が安心できるようくらしの保障をやります。ですから、そのための応分の費用を企業のみなさんにもお願いできないでしょうか。僕ならロジックを変えます。そう「痛みの分かちあい」です。

お前ぬるいよ、もっと闘えよ、そんな声が聞こえてきそうです。でも、こうやって左派の主張と向きあうのは勇気のいることですし、僕の心はいつも、言われなき不遇を強いられている人とともにあります。批判する人たちとそこは変わらないはずなんです。

給付面なら、僕の議論と彼らの差は本質的ではありません。「まずしい人」の心配をするか、「まずしい人も含めた人たち」の心配をするのかのちがいですから。僕が左派に嫌われるのは消費税を語るから。それはよくわかっています。

でも、そうじゃないでしょう。給付面が同じなら連帯し、税のちがいについては組みあわせを議論すればいい。あるいは税を同じにして、使い道について議論すればいい。こうした本質論から逃げず、ギリギリのところまで政策をすりあわせない限り、いくら野党共闘なんて言っても足元を見透かされます。

僕は学者です。だから僕は僕の領分で、新しい社会のビジョンを徹底的に考えたい。でも右か、左かの問題ではない。上か下かの問題でもない。めざすゴールが近い人たちは保守もふくめて大勢いるはずです。だったら手段なんかで対立しあうのではなく、ちがいと共通点、そこをもっと正面から議論したい。そのさきに本当の共闘もあるのではないでしょうか。

なぜ僕は「反救済」を訴えるのか

「頼りあえる社会」というのは、ひとことで言えば「弱者を助ける社会」ではなくて、「弱者を生まない社会」です。

僕のこの哲学にはいろんな批判があるかもしれません。「弱者を見殺しにするのか」という批判、誤解も実際にあります。

それでも僕は、自分の思いを訴えつづけていきます。

人を助けることはいいことに決まっているじゃないですか。でも、いまの日本社会では、この常識的な道徳が常識として機能していないという危機感が僕にはある。つうじない正論を繰りかえす余裕なんてないんです。

僕には一生忘れられない思い出があります。

うちは母子家庭でしたが、僕が小さいとき、母はずっと家にいたんです。同居していた叔母が生活費を入れてくれていたんですよね。あと戦争中に腕を失った障がいのある叔父がいまして、ときどき支援してくれてたんです。でも、僕はそれを知らなかったから、なぜうちはお母さんが働かないのにお金があるのか、ずっと不思議に思ってました。

小学校3年生のころだと思います。なにかの拍子で生活保護という仕組みがあることを知りました。すべての謎がとけたような気分でね。うれしくて母にこう言ったんです。

「うちは生活保護ばもらっとるけん、お金があるっちゃろ？」

するとね、母がそれはもう烈火のごとく怒っちゃって。こう言われました。

「そげんか恥ずかしか金、うちは一銭ももろうとらん」

ものすごい剣幕でどなられました。怖くて泣いたのを覚えています。

いま思えば母の言葉は暴言です。生活保護は権利です。権利のある人はそれを堂々と使えばいいんです。でもね、なぜ母がそう言ったのかという問いは、ずっと僕の心のなかにありつづけました。これはとても大切な問いでした。

家族に借金ができたときの話をしましたよね。まず日掛金融の借金から整理したんです。なぜできたかというと、母の友人が僕にお金を貸してくれたからなんです。「お母さんはもうムリやけど、英ちゃんならよか。かわりにかえしてあげんね」と言って。

１００％の善意でした。さきに僕にお金をくれて、それで一気に借金をかえしました。残りはふつうのサラ金。額は大きかったけれど、毎月、毎月、お金をかえすだけでよかった。本当に助かりました。

でもね、その大恩人にむかって僕はこう言ったんです。

「俺はかえさんでもよかとばい。借用証書まだ書いとらんもんね。ばってん書いてやるけん、書きかたば教えちゃらんね」

ひどいでしょう？ いまでも夢に出てくるくらい後悔しています。でも、なんでこんなことを言ったかわかりますか？ それは屈辱だったからです。１００％の善意であれ、これは僕の借金じゃない。なんでこんな恥ずかしい思いをしないといけないのか、って。

僕はね、こう思うんです。人を助けることはいいことだ。でも救済は、ときにその人間に屈辱を刻みこむ。助けるほうはいいのだけれども、助けられるほうの気持ちはそれとはちがう。だから、助けることで満足する政治は絶対に終わらせなければいけない、と。

助けられる領域が広がるということは、僕にとっては恥ずかしい思いをする人たちが増えることと同じです。いや、生活保護に頼らず、歯を食いしばって働く人たちが大勢いることを思いだしてください。これは多くの「助けられたくない人たち」に共通する思いじゃないでしょうか。少なくとも僕はそう確信しています。

消費税があがるのはまずしい人にとってつらいことだ。そうでしょう。しかし、昔の僕がいまの僕にこう言わせるのです。「あの地獄のような毎日に、もし大学の授業料の心配をしなくてよかったとすれば、どんなに母も僕もホッとしただろう」と。まずしさのどん底にいた僕と母ですが、僕たちはよろこんで消費税の増税を受けいれたことでしょう。

ライフ・セキュリティの時代

僕は、所得格差ではなく、この屈辱の領域を最小化したい。だから僕は「ライフ・セキュリティ」という考えをここで提案したいと思います。「ソーシャル・セキュリティ(Social Security)」「社会保障」じゃなくて、「ライフ・セキュリティ(Life Security)」「生の保障」に変えていこうとみなさんに呼びかけたい。

社会保障とは言いますが、何を、誰に、どのくらい保障するのか、スッキリしないですよね。わかったようで、じつはよくわからない。そもそも教育が社会保障に入らないのはどうしてなんでしょう。教育だって社会的に保障すべきなのに。

だから提案したいのです。人間の「生存」と「生活」、この二つの生――どちらも「life」ですね――を、すべての人たちに徹底的に保障する社会をめざそう、そして、そのためのくらしの会費として税を語ろう、と。

たとえば、医療を無償化に近づければ近づけるほど、あるいは教育を、あるいは介護を無償化に近づければ近づけるほど、生活保護のなかの医療扶助や教育扶助、介護扶助と呼ばれるものがいらなくなっていきます。これは「格差の最小化」じゃない。これは「屈辱の最小化」戦略です。

ライフ・セキュリティの社会は、生活保護を使わなくても、病院に行ける、学校に行ける、介護を受けられるという社会です。屈辱を最小化することで、誰もが堂々と生きられる領域を広げていこうじゃないか。所得ではなく、人間の尊厳こそ平等化しようじゃないか。これが僕の「尊厳ある生活保障」という考えかたです。

この社会には落とし穴がたくさんあります。いままでの左派やリベラルは、運悪くその落とし穴に落ちた人たちを助けようとしてきた。でも、そうではなくて、僕たちは落とし穴じたいをふさいでしまおう、運が悪いという理由だけで穴に落ちるような社会を変えていこう、そう宣言するわけです。

この社会は運の良し悪しで一生が決まる社会になりかけています。運悪く車にはねられて、その結果、障がいを持って働けなくなったとしたら？　運悪く貧乏な家に生まれて教育の機会に恵まれなかったら？　運悪く田舎に生まれて、塾や学校など、教育の機会にめぐまれなかったら？　散々さみしい思い、悲しい思いをさせて、あとになって助けてあげればすむ問題でしょうか。僕は絶対にそう思いません。

運で一生が決まる社会なんて、理不尽だし、不条理です。僕は学者です。理《ことわり》にしたがって生きている。理にそむくこと、理不尽で不条理なことには、批判の矢面に立たされてでも、異議申し立てをする社会的責任がある。これは学者の責任なのです。

人間の命に自由の火を灯す。そのための条件を考えて、考えて、考え抜く。だからこそ、僕たちは「リベラル」なのではないでしょうか。

もうひとつのライフ・セキュリティ

でもね、これは話の一部です。ベーシック・サービスをどんなに充実させても、最後に生活保護は必ず残りますから。飲食費や水道・光熱費にかかわる生活扶助です。この部分は「最後の自由のとりで」だという認識を明確にする必要があります。

高齢、障がい、ひとり親、疾病、さまざまな理由によって働けない人たちは出てきます。この人たちの命は「最低の保障」ではなく「品位ある保障」でなければならない。これも大切なポイントです。

生活扶助で手にしたお金のなかで、その使い道を決めるというのは、その人の最後の自由だと僕は思うんです。10円安い野菜にしよう、10円安い牛乳にしよう、食べたいもの、着たいものを我慢して、お金を浮かせる。そのお金で酒を買う、たばこを買う、だから何が悪いというのでしょうか。人間の選択の自由ではないのでしょうか。

権利として保障されるもの、それが本当に必要最低の額だと定義されたら、酒やたばこはぜいたくだ、削れるものは削れになるでしょう。しかし、「品位ある保障」では、そうした選択の自由まで含めて命の保障だと考えるのです。最低限と言いながら、それを理由づけして切りさげていく政治との決別です。

あと、忘れてはならないのは、住まいにかかわる保障。日本は住宅扶助、数カ月という期間限定の家賃補助はあるけれども、ヨーロッパ的な意味での住宅手当がありません。だったら、この部分はきちんと保障すべきではないでしょうか。

最後にもうひとつ、最近、考えているのは、働くという命の根幹にある問題をどのように保障していくかということ。運悪く失業した人たちが、ふたたび学びなおす機会をどう保障するか。あるいはみんながみんな大学に進学する社会ではなく、中学生や高校生の時点で、技術職や技能職、職人といった道を模索できる、自分の人生を選択できる自由についても考えなければならないはずです。

飲み食いするお金、水道・光熱費、住む場所の保障、そして職業訓練や職業教育をつうじて仕事を選びとる権利を保障する、これらを僕は「品位ある命の保障」と呼びたいと思います。先に述べた富裕層への課税とこれをセットにするのです。

「尊厳ある生活保障」と「品位ある命の保障」、これらが車の両輪となって、僕たちの生が保障される。しかもそれは、もはや社会保障でも、生活保障でもなく、よりよい生の保障、尊厳の保障につながっていく、みんなが誇りを持って堂々と生きられる社会につながっていくのだ、そう提案したいわけです。

いいでしょうか。生まれたときの運・不運で一生が決まる社会は終わらせられます。働くことは生きるためだけではなく、愉しいから、それ自身に価値があるからという社会はつくれます。ベーシックサービスが人びとの権利となり、くらしが保障されていけば、ほとんどの人たちが救済の生む恩着せがましさや、押しつけがましさから自由になれます。

そうすれば、少ない年収でもいいじゃないですか。自分が年収200万円、パートナーが200万円、あわせて400万円。それでも、将来の不安から解放される社会。生活の心配をしなくてよければ、地方でも十分に生きていけます。

子どもを受験競争に追いやる意味もなくなります。人並みのくらし、できれば人並みよりもちょっといいくらしを子どもたちに与えてあげたい、そういう生きかたを子どもたちにさせてあげたいから、親は子どもを塾に行かせてるんじゃないですか。そうじゃなければ、なぜ青春の、あの素晴らしい時間を犠牲にしてまで勉強させようとするのでしょう。

でもそんな社会も終わりです。いい大学に、いい会社に行かせなくたって、子どもたちが将来安心して生きていける社会がやってきます。

いい大学に行きたい。東京に行きたい。それもいいでしょう。エリートの世界に入っていくための資金援助や組織を政府が別ルートをつくってもいいでしょう。でも、あくまでも、自分で人生を選んだ結果であることが条件です。

幼児虐待、児童虐待、あの悪魔のような所業になぜ大人たちは駆りたてられるのでしょうか。それは将来不安に押しつぶされそうになり、子どもが経済的にも、身体的にも、精神的にも負担になっているからではないでしょうか。そんな大人たちが一人でも少なくなる社会は僕たちが決断すればめざせます。すべての人を将来不安から解き放つのです。

そう、すべては「想像する力」なのです。

僕らには想像する自由がある。百でも二百でも想像して、そのうちひとつでも叶ったら、それは幸せなこと。でも、想像することをあきらめてしまった社会には衰退の道しか残されません。いったん常識をぜんぶ取っ払って、僕たちリベラルはなぜ嫌われるのかを自己批判して、保守とよばれる人たちとも向きあって、あるべき社会のすがたをとことん語りあう。まずは、そこからすべてがはじまるのではないでしょうか。

【ディスカッション――第3講】

社会保障給付の増大にビビり過ぎ？

Eさん　ありがとうございました。増税をしなければにっちもさっちもいかない、そこはまったく賛成です。ただ、それが行政サービス、とくに社会保障に向けて何かを充実させようという方向に向かうのか、正直、自信が持てません。

むしろ、増やしても足りないのだ、という感じじゃないかと思うんです。これからどんどん人も税収も減っていく、だけど高齢化はすすんでいって介護を必要とする人たちは増えていく。いまと同じ水準のサービスを提供できないから、そこを何とか食いとめたい、そのためには財源が必要だという感じです。自分のいる自治体で考えると、毎年度の予算を組むのにヒーヒー言っているような状態ですから……。

Bさん 関連して、最近の地域包括ケアなんかを見ていると、地域コミュニティを活発化させることによって経費をさげるという方向性が強まってますよね。行政がサービスとして提供しなければいけないものを地域に担わせる、足りない部分をそこで補わせるという目的がじつは裏に潜んでいるように見えます。その辺をどう考えるんでしょう。

井手 まず、Eさんの議論から。よくわかります。たしかに国税の一部からできている地方交付税に頼ってきた自治体からすれば、自分たちで地方税をあげて、財源を確保するという発想にはなかなか行きにくいですよね。だから、パイが一定のなかで高齢化がすすむ、少子化がすすむ、どうしよう、となりがちです。

でも、もう少し落ち着いて考えてみたらどうでしょう。

人が減るから税収が減る。そのとおりです。でも、人が減っているのなら、税収と同時にコストも減ってます。高齢化がすすむ、介護のコストがかかる、たしかにそうです。でも、子どもも減るから教育費や育児・保育のコストも減ります。人口が減っていけば、施設の統廃合もすすむでしょう。公務員や議員の数も減るでしょう。そうしたことをトータルで考えたシミュレーションを僕は見たことがありません。

これまでの日本は、先進国のなかでも明らかに低い租税負担率でまわしてきました。でも、それができなくなっています。だったら、租税負担率をせめて他国並みにあげていくなかで、新しい再分配のかたち、資金の流れをつくりだすしかありません。

２０４０年に社会保障給付費が１９０兆円になるという試算が出たのはご存じですか。

Eさん　２０２５年じゃなくてですか？

井手　出たんですよ。あれは玄人筋から見ていると、思ったより増えなかったねという話なんですけど、いまの社会保障給付が１２０兆円で、これが２０２５年に１４０兆円になって、２０４０年に１９０兆円と発表されたんです。

額で聞くとギョッとしますよね。70兆円も増えるの、って。でも２０４０年っていまから20年以上先の話なんです。だからこれを対ＧＤＰ比で見ますと、21・５％が24％になるという話なんです。経済も少しずつですが成長しますから。

ようするに「ビビり過ぎ」なんですよね。いまのサービスすら維持できなくなるとみなさんおっしゃる。でも、おかしいでしょう。対ＧＤＰ比で見て２・５％社会保障が増える。でも本当は減る経費も相当ある。それら以上に租税負担率を高めていけば、財源は当然出てくる。僕が先進国の平均なみの租税負担率にしようというのはそういう意味です。

さっき小学校での授業の話をしたじゃないですか。授業が終わったあと、子どもたちに給食を一緒に食べようと誘ってもらえたんです。

Eさん　マジですか。

井手　マジです（笑）。でも、どの班で井手先生が食べるのかで、一瞬、微妙な雰囲気になったんです。困ったなぁと思いつつ手を洗ってもどってきたのですが、そしたら大きな机の輪ができていました。「井手先生の席はここです！」って。担任の先生もそれを見ながら、「今日は特別にいいでしょう」とおっしゃって。

彼らは「みんなが幸せになる方法」を考えていたのです。うれしくてね、もう。泣いているのがバレないように34年ぶりの給食を食いましたよ。できないからどうしようじゃなくて、どうすればできるのかを考える。反対に学ばされた気分でした。

Bさんのコメントも重要です。いま、地域に福祉を丸投げするという批判はたしかに根強いです。政府がもうもちこたえられないから、地域包括ケアもそうだけれども、コミュニティに丸投げするんだという批判は当然あるわけです。

たしかに税でやっていこうとすると、東京都のようなところと中山間地域、過疎地域とでは、財政力が決定的にちがっています。だから、税を使った保障の話とセットでコミュニティ機能をどう強化していくのかという議論をはじめなければいけません。

地域包括ケアの理念は正しいと思うんです。歳をとっても住み慣れたところでくらす、医療・介護・福祉を一体的に届ける、そのために地域全体で支援する、百点満点です。ただ、それが地域への福祉丸投げになってはいけないのに、現実はそれに近づいている。だから、福祉とコミュニティをどう連結させるかを考えなければいけないのです。

この点は、次回、全面的に取りあげましょう。ひとつの突破口は「ソーシャルワーカー」です。たんに介護サービスや障がい者福祉を提供しますよ、じゃなくて、利用者の置かれた環境を変え、その背後にある社会問題にまでアウトリーチする人たちです。

ご存じのように、地域包括ケアでは地域包括支援センターが設けられて、地域の拠点になっているわけですけれど、ここにソーシャルワーカーの必置義務が設けられました。ソーシャルワーカーを置かなければいけないという義務がはじめて設けられたんです。その必要性はもう避けられません。ただ、人数は決定的に足りていません。

地域包括ケアは地域で福祉を支える仕組み。これを本気でやろうと思ったら、利用者を中心としながら、実際にその地域のなかで動きまわる人たちがいないと機能しないのです。民生委員さん、児童委員さん、お願いね、町内会でお願いねと言ったって、もう10年もしたらこの仕組みは機能しなくなります。ですから、ソーシャルワーカーのような人たちの雇用をどうするのかが、これから必ず問題になってきます。

ぬぐえない政府不信

Eさん　なるほどね。よくわかりました。言われてみると本当にそうだと思います。もうひとつ気になるのは、左派の得意なムダを減らせというやつですね。増税の前にやることがあるという話。

Bさん　そうそう。それともうひとつ、本当にやってくれるのかという疑問もありますよね。増税をしてサービスを選べて将来にわたっての不安がなくなるというのが、ある時点からスタートするわけでしょう？　自分が生まれたときからそうなっているのだったら信頼できるけれど、ある時点から切りかえていくときに、これはいつまでそうなのかなという不安がある。政府を信じられないという問題です。

井手　それ、僕がいつも聞かれる質問です。増税の前にムダをなくせという意見、政府への不信感、これは本当によく聞かれます。

日本って、労働者のなかで公務員が占める割合で見ても、財政規模の対ＧＤＰ比で見ても、明らかに小さな政府なんです。この小さな政府がいったいどれだけのムダ遣いをやって、どれだけの借金をつくったというのでしょう。

ちがいます。借金が増えた最大の理由は税収の不足です。図3－5を見れば、それは一目瞭然だと思います。実際、民主党政権のときに事業仕分けをやったじゃないですか。でもそれで出てきた予算はごくわずかでした。しかも、埋蔵金なんて言われて、特別会計の資金を相当一般会計に繰りこんだ。それなのに借金は増大の一途じゃないですか。ムダをなくせというのは、そもそも問いがズレています。税が足りない、こそが核心です。

あと、防衛費が増大の一途だという批判もありますね。防衛費＝ムダ遣い論です。これは気持ち的には共感します。防衛費の野放図な拡大をどのように監視するのかは、民主主義の観点からもとても大切な論点です。実際、第二次安倍政権でズルズルと防衛費は増えています。

ただ、それでも実際には1997年の水準と変わらないんです。おまけに、防衛関係費は毎年度予算で言えば5兆円ですよね。社会保障はほっといても2040年までにもう70兆円増えるし、僕らはそれよりもさらに充実させようと言っているわけです。規模的に言って、防衛費の削減でどうにかなる話ではありません。

政府への信頼、これはとても大切な問題です。左派やリベラルは政府批判をひとつの武器としますが、これを逆手に取ったのが小泉政権でした。つまり、小泉さんが自民党を

図3-5　一般会計歳出総額、税収、公債発行額の推移

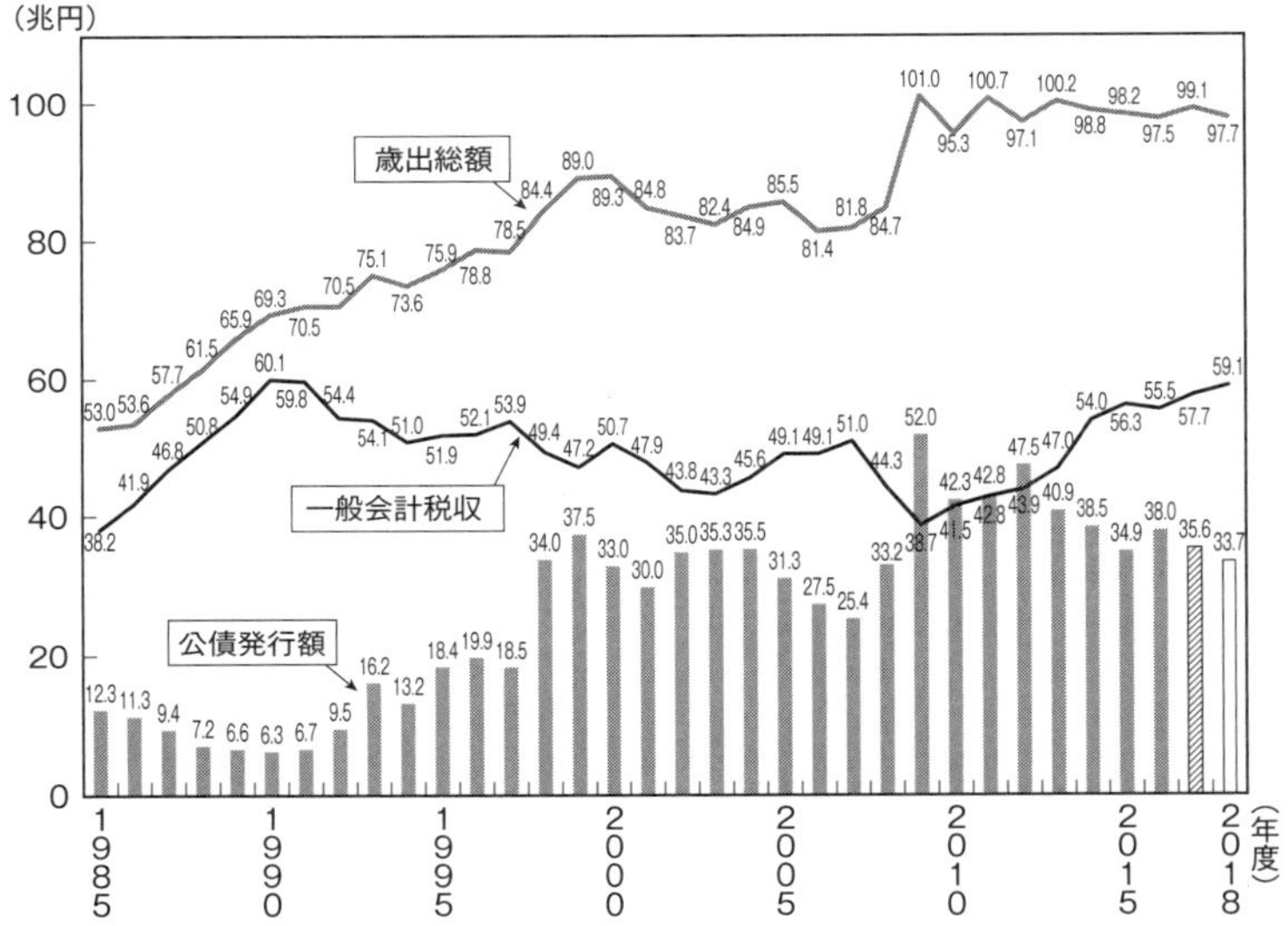

出所:https://www.mof.go.jp/tax_policy/summary/condition/a02.htm

ぶっつぶす、私に反対する人は抵抗勢力だと啖呵をきって、左派やリベラルの存在意義そのものが問われる事態になったわけです。最近では日本維新の会が依然として「身を切る改革」を訴えていますよね。

　このようにみなが政府を袋だたきにする状況のなかで、政府への信頼度は地に落ちました。先進国のなかでももっとも政府を信頼しない社会であることがいろんな統計データから明らかになっています。おまけに、それに輪をかけて行政のほうも、森友学園や加計学園、統計改ざん、障がい者雇用の水増しと次々に問題を起こしています。

僕は本当に強い危機感を持っています。信頼しない政府に税を払おうとは思えないですし、そうなれば日本社会の未来は絶望的な状況になります。もう時間がないのに。

方法は2つあります。ひとつは政府の行動をコントロールするようなルールをつくることです。オランダには経済政策分析局という非常に独立性の高い組織があって、各政党のマニフェストを実施したらどのような変化が生じるかを定量的に分析しています。

国民はこの結果を見ながら投票しますから、投票率は高い。また、各党も荒唐無稽なマニフェストをつくるとボロが出ますから、実現できそうな政策をつくり、それを必死に実現しようとします。ようは政府の行動をコントロールする仕組みづくりです。

もうひとつは、税と支出をむすびつけてしまうことです。これは筋論から言ったらあまりよくない筋です。というのは、どんな目的のために税を使い、どのくらいの税を国民から集めるのかを毎年語りあう場こそが国会だからです。支出と税とをリンクさせてしまうのは、民主主義の自殺行為と言えなくもありません。

ただ現実問題として、消費税はすでに、年金、医療、介護、子育ての四経費プラス地方交付税にしか使えないということが法律に明記されています。ですから、消費税こそ、社会保障や子育てにしか使えない税ということになるわけです。所得税や法人税のほうが遠慮なく防衛費に使えるということですから、ここでも消費税を軸にすることの正当性があると思います。

ともあれ、政府不信は最悪の問題です。憲法カフェみたいに、僕は税金カフェ、政府カフェ、なんでもいいから、どうすれば政府を信じられるようになるのか、税の使い道を民主的にコントロールするためにはどうしたらいいのか、そんなことを草の根で語りあう場をつくっていかないといけないと思っています。ていうか、やりますよ、これ。

政府は信じられないから税はいやだ、こんな議論を繰りかえしていたら、どうなると思いますか。いまよりもはるかに不安な社会が生まれ、それが次の世代の子どもたちに放りだされるだけじゃないですか。そんな無責任なこと、僕にはできません。

消費税を8％から10％にあげる使い道を変更して、幼保の無償化、大学の授業料負担の軽減にお金をまわす、そもそもこれは僕たちが訴えてきた政策です。

ところが、民進党分裂後の野党は、それに対して反対だと言いだしました。まずは幼稚園の先生や保育士さんの処遇改善がさきだ、すでにまずしい人たちの幼保は無償化されているのだから、これを全員に無償化したら格差が大きくなる、そういう批判です。

だけどね、本当に悲しくなるのですが、ネットでも見られますから、民進党時代の2017年衆院選の選挙公約を見てください。

この作成には僕もかかわりました。そこには幼保の無償化も大学授業料の軽減も入っています。そして、それとセットで保育士の処遇改善を盛りこんであります。それだけじゃありません。所得税、法人税、相続税の強化も書かれています。つまり、幼保の無償化で格差が開いても、富裕層への課税でそれを解消できるようにしていたのです。

きわめつけは消費税の増税分2％をフルに給付にまわし、医療や介護にも使えるようにしたことです。子育て世代だけでなく、子どものいないカップル、高齢者にとってもメリットがあるように、医療費や介護の自己負担の軽減を訴えたのです。これらを掲げて2017年衆院選を闘いたかったのですが、民進党はなくなってしまいました。

それはともかく、いまの旧民進党のみなさんが批判することへの対案はすべて衆院選のマニフェストに書いてありました。幼保無償化に反対、処遇改善がさき、こういう議論って、反対のための反対じゃないでしょうか。幼保無償化をもっとよりよいかたちで実現します、そう言って欲しかった。私たちにはこんなパッケージがある、と。

消費増税反対、幼保無償化反対と言ったところで、実際に幼保が無償化されれば、子育て世代は大喜びするでしょう。自民党への支持はまた高まると思います。ヨーロッパの経験を見ればわかるように、税を取れば使える。使えば、国民もよろこぶ。このポジティブ・フィードバックが生まれたとき、いわば増税の成功体験を自民党が持ったとき、左派、リベラルに打つ手がなくなるかもしれません。自民党のリベラル化ですから。

受益者になれない不満

Cさん そうなんですよね。現実問題として地方というのは目に見えて子どもの数が減っていて、危機感は相当共有されていると思います。

地元で市長選に出た人がブログで書いていたのが、現時点で小学生が6000人しかいないということ。6000人って言われてもピンとこないのですが、それが半分の3000人に減るのが目前に迫っていると言われ、ドン引きしたわけです。

田舎ってリアルですよ。人が歩かなくなると、ものすごい勢いで道に雑草が生えるんです。ですから、極端に聞こえるかもしれませんが、よその人だろうが何だろうが、人が来てくれるだけで道ができる。冗談抜きでそんな状況がありますから、少子化対策はまさに待ったなしなんですよね。

Gさん たしかに6000人が3000人になるってものすごいですね。

Cさん 消えるのは道だけじゃないんです。店が消えるでしょう。祭りも盆踊りも消えます。やる人がいないから、なくなってしまうんです。

だから、お孫さんがいないようなお年寄りでも、現実にはよその子どものことだけど、やっぱり恐怖感がすごくて、幼保無償化はしかたないという話になってます。自民党がやってくれたねというのは、誰から見てもそうなんです。

しかも、地方で中流家庭のお嬢さんがどんな資格を持ってるかというと、保育所・幼稚園の先生なんですよ。都会ではわかりませんが、田舎では中の上ぐらいの家庭のお嬢さんはその手の資格を持っている人が多くて、地元で働いて地元で結婚してほしいというのが親の理想なんですよ。だから、幼保の無償化と聞くと、うちの娘の働きさきができるというんで、とても受け取りかたがポジティブなんです。

みなさん、納税貯蓄組合って知ってます？　自分たちで税を集めるんです。そんなのがいまだに生きていて、よくも悪くも税金を払うということが義務化してるんです。税を払うのが常識という感覚があって、都会の人のようにとられるという意識がうすいうえ、そのお金がこうやって地域に還元されたと感じられると、その政策への支持がハッキリと強まるように思うんです。このことに野党の人はどのくらい気づいているのでしょうか。

Bさん　首都圏でくらしていると、払った分が戻ってくる感じしないですよね。

家にお年寄りがいなければ介護はないし、健康に働いてれば医療もない。子どもは中学生になって義務教育が終わってしまえば、全部自費でやっている感じだし。県とか市とかのお金はもちろん所得制限があってもらっている人はいるんだけど、もらっていない人にとってみれば本当に払っているだけという感じがすごい。

Eさん 前回、僕たち団塊ジュニアの世代が割を食っているという話があったじゃないですか。本当にそうだと思うんですね。僕が就活したのは1995年なんですけれど、そのときが一番採用をしぼっていたんです。団塊世代の人たちがまだやめていない状態で給料が高い状態で残っているから、入り口をしぼらざるをえなかったわけです。

で、いま何を言っているかというと、中間管理職が圧倒的に不足している、人が足りない、ノウハウも継続されない、と。当たり前すぎて悲しくなるんですが、もれてしまった人たち、就職できなかった、非正規でいるような人たち、家も子どももあきらめたという人たちが果たしてどんな受益を得られるのかが気になります。

井手 なんか、今日はビシバシきますね(笑)。30代、40代のまずしい単身世帯。健康だから病院に行かない。介護はずっとさきのこと。大学も卒業したし、子育ては必要ない。そういう世代には消費増税の痛みだけが直撃するという問題ですね。

財政というのは、働くまえと、退職したあとに、受益、メリットが集中するんです。子育てや教育のサービスは子どものとき、働く前に受けとってしまいます。そして退職後、年金や介護、そして医療といった現金やサービスを受けとります。だから働いている最中はじつは基本的に負担者になるわけです。

ただ、大学の授業料であれ、子育てであれ、サービスを受けるのは子どもだけど、親が金銭的な負担をしているから、親に受益があるように見えるんですよね。じつは親に受益があるのではなくて、無償化されれば義務的な経費が軽減されるだけで、サービスを受け取っているのは子どもなんです。子どもの教育の社会化なんです。

その意味では働いている人たちの受益というのは、議論しにくい面があります。でも、いまの負担と比べれば、子どものいる人たちの負担は軽くなるじゃないか。それなのに、子どものいない自分たちには受益がない、そういう疑問は当然出てくるでしょう。

だからこそ、住宅手当と職業訓練をライフ・セキュリティに組みこんでいるわけです。これは消費税の負担が集中しがちな人たちへの措置、品位ある命の保障の一部です。

本当は公営住宅を充実すべきかもしれません。しかし、公営住宅に入ると貧困が目に見えるようになりますよね。おまけに、公営住宅のなかでも、まずしい人とさらにまずしい人の分断が生まれかねないという問題もあります。

生活保護利用者って、結局、周囲の人には気づかれますよね。自治体職員であるケースワーカーが年中出入りするわけですから。そうすると、生活保護利用者だと思われる人がスーパーでタバコを買った、お酒を買った、そんなことにいちいち腹をたてる人があらわれるわけです。現場では密告の電話は頻繁に起きています。

だから僕は、公営住宅ではなくて、住宅手当を選んでいます。もちろん、地方では空き家が多い。これを自治体が借りあげて、低家賃で提供するという方法も考えられていいと思います。それであればまずしさが見えにくくなるはずです。

「子どもの貧困」はお金だけでは解決できない

Dさん　ちょっと個人的な話ですけどいいでしょうか？

井手　どうぞ、どうぞ。僕も超個人的な話をしましたから（笑）。

Dさん　いま一時保護所というところで働いているんです。虐待された子とか、障がいのある子とか、性被害にあった子とか、そういった子に毎日接しています。そのなかでも、最近、深夜の緊急入所というのが多いんです。

大部分は女の子の性被害なんですが、この問題をネットの書きこみで見ていると、親ふざけるな、上司ふざけるな、教育委員会ふざけるなと必ず出てきます。そういう面は否定しません。でも、そういう当事者間の問題というよりも、大人社会がつくった仕組みのなかで子どもたちが生きづらさを感じているような気がしてならないんです。

井手　性被害というときに、どういう事例を思い浮かべればいいのですか？

Dさん　幅広いですよね。もちろんわかりやすい直接的なものもあり、援交的なものもあり、近親者のものも……というか、最近、近親者がすごく多いんです。義父による性的虐待が多かったり、あと意外と知られていないのが、浮気相手との性行為とかそういうのを子どもの前で見せつけてみたり。これも虐待、性被害に含まれるのですね。

そういったのをすべてひっくるめてです。もちろんそれらは貧困とかかわってはいるのですが……もっと闇が深い気がするんです。

井手　立ち入ったことを聞いてすみませんでした。話をうかがいながら考えてたことがあって、頭のなかを整理したかったんです。答えはないのですけれど……。

前回、「生きるため」ではなく、「自分の居場所をたしかめるため」に子どもたちが自らを売買の対象にするという話をしました。ただ、Dさんがおっしゃるのは、そんな子どもたちだけでなくて、性被害は本当に闇が深いということですよね。反対に言えば、援助交際の問題も、家族間の性的虐待と同様に、子どもたちが被害者だという視線を失ってはいけないのだとあらためて思いました。

その反省のうえで、僕のきょうの話が、そういう子どもたちの苦しみを解消することにつながるのか、と考えてしまいました。もしそれが貧困の問題だとすれば、すべての人間が人間らしく生きていくための条件を整えよう、と僕は提案しているわけじゃないですか。だから、まずしい家庭だとしても、そうではない状況、性被害が起きないような状況をつくりだせるかもしれませんが……。

Dさん ＪＫビジネスなどに入っている子たちのなかには、ブランド物のバッグだとかそういうのがほしいという事情の子がいることは事実なんです。そして、そのなかで貧困が大きな意味を持っていることも正しいと思います。

でも、最近よく問題となるのは、軽度の障がいを持っている女の子たちなんですよね。一見わからない普通の子、通級学級には行っていないけれども、厳密に調べたらちょっとＩＱが低かったりする。そういった子たちが、社会への適合が難しくて、職場でうまく関係をつくることができず、ＡＶや風俗などで職を見つける。

井手 なるほど。サービスを政府が提供することの限界ですよね。この問題は、次回、もっと深めてみたいと思います。放ったらかしにできる問題ではありませんから。

Cさん 『「子どもの貧困」を問いなおす』（法律文化社）という本を読んだんです。性風俗で働く女性を、ある女性研究者が調査されていて、目からうろこが落ちたんですけれど……結局、人の欲望が欲望として先にあるんじゃない、ということなんです。まずしさ、精神的な傷つき、欠落があったときに、それらをさらせるのは強い人なんですよね。そうじゃなくて、みんなは欠落部分を何かで埋めよう、隠そうとするわけじゃないですか。それを隠すために経済力を得ようとするわけですね。その経済力を得るために風俗だったりとか、夜の仕事に入っていくというのがひとつのルートらしいんです。

もうひとつ、この本では、中堅というか、何割かは大学や短大へ行ったり専門学校へ行ったりとかするような高校の女子と、いわゆる底辺と呼ばれるような高校の女子とを比べているんです。これがまた興味深いんですよね。

前者に関しては夜の仕事に足を踏みいれている子はほぼゼロに近い。なのに、後者には一定の割合、そういう子たちが出てくる。そしていまの話にあったような、ＩＱがボーダーラインの子たちも後者に含まれてくるんです。

知的な障がいがあるから、そういう世界に喜んで行っているということを言いたいんじゃありません。むしろ反対で、そういう世界に進む手助け、媒介を親や友だち、先輩がやっているということを問題にしたいんです。

なぜそうなるのか。ひとつには貧困ですね。あともうひとつには、貧困と深く関係していますが、自分から志願して行くわけではなくて、その置かれた環境、まわりに引っ張られて、人間関係に引きずられて足を踏みいれるケースがとても多いそうなんです。

井手　貧困と言うときに、ひとつの答えは貧困家庭にお金をあげればいいじゃないですか。そうすれば「社会的な所得格差」は小さくなる。でも、「社会的な所得格差」という「数字」を小さくすることにいったいどんな意味があるんでしょう。それはならされた平均値、階層間の問題であって、じつは根本解決になってないんじゃないでしょうか。

まず性悪説的に考えると、親にお金を与えたところで、それは自分の動機でお金を使うかもしれない。アルコール依存症の人に生活保護を出したって酒を飲んで終わってしまうだけかもしれない。悲しいですけれど、そういう面はたしかにあるでしょう。

貧困を「撲滅」と言うときに、僕らはまず最初にお金をあげて格差を小さくしてと考えるけれども、それはたぶん答えになってないと思うんです。経済的な支援はもちろん大事。でも、そういうそれぞれ一つひとつの困りごとを解決する枠組み、一人ひとりの置かれた悲しい環境を変えていくための取り組み、そういうものがセットにならなければ意味がないと思うのです。これも次回までに整理しておきます。

文化資本の格差是正が急務

Cさん　さっきの本でも同じ指摘がありました。

　仮にお父さんがいてお母さんがいて子どもが2人というときに、家庭内格差というのが相当ある。たとえば、母親は自分は食べなくても牛肉を子どもには買ってあげるとか、逆に、父親が自分の趣味にはばんばんお金を使うけれども、妻と子には食べ物すら与えていないとか。そういう意味での貧困、本当の意味での貧困には光が当たっていない。

　いまおっしゃったように、ただ単に手当を配るとか、ただ単に子どもがかわいそうだから子ども食堂をつくりましょうとかというのは、むしろ逆に問題をおおい隠すことにつながるのじゃないか、そんな指摘もありました。

井手　その意味で言うと、僕は、幼稚園・保育所というのは本当に大事だと思うんですよ。これは「文化資本格差」の問題です。
　所得格差が問題だ、だからまずしい人たちの大学をタダにしよう、と言う。でも、もし親が、「勉強なんかやったって何の役にも立たないから」と言いつづけていたとしたら、その家庭で育った子どもたちがタダだからって大学に行くかどうか、わからないですよね。こうした文化資本の格差にまで目を向けないと、本当の格差は見えてこない。かと言って、行政がその家庭のなかにまで入りこんで、文化資本を分厚くしていくなんてできるわけがない。ここが難しいですよね。

保守的に言えば、子どもたちが親と一緒にいることが一番だ、子を育てるのは親の責任だという話になりがちだけど、それは家族のさまざまな環境のちがい、文化資本のちがいを無視した議論です。貧弱な文化資本のなかに子どもを閉じこめてしまうのではなくて、そこからいったん距離をとって、他の家庭と子どもたちと一緒になりながら幼稚園・保育所のなかで学びの機会をえるというのは、本当に大事だと思うんです。

ここまで来ると、幼保サービスの無償化が一里塚だというのが見えてきますよね。だって、教育サービスの質を高めていかなければ、こうした文化資本の格差是正には結びつかないから。質の高い教育とセットだからこそ、職員さんの給与もあがって当然だという議論にしないと、なんであいつらだけ給与があがるんだという分断も生みかねない。無償化と定員確保に話は終始してますが、本当のゴールはそのさきにあると思います。

Dさん 療育園って知ってます？ 児童発達支援、わかりやすく言えば、発達障害や自閉症、肢体障がいを持ったお子さんたちを支援する施設です。そこの職員さんのお話だと、そういう施設には、むちゃくちゃ裕福な家庭のお子さんが集まっていると言うんです。

親がいろいろ理由をつけて学校に行かせてないみたいなんですね。だから、豊かな家庭には高い文化資本があるという話になると、それもちがう気がするんです。学校に行かせないことで、外の世界、情報にもほとんど触れられないような、文化資本にとぼしい環境のなかに子どもが押しこめられてしまう。これは豊かな家庭で起きていることです。

井手　「貧困」と「格差」とは完全にイコールじゃない。これは重要な点です。「私たち市民」と言うときの「私たち」集団にまずしい人は入っているのか、「困っている人」と言うとき、裕福な人たちはそこに含まれていないのか、この辺ともかかわりますね。

Bさん　小中学校の給食費未払いは、別に貧乏だから払えないわけではなくて、そんなのは払わなくてもどうせいいからといって払おうとしないという問題ですよね。

保証書みたいなものを一筆書かされるんです。中学へ入って、子どもも書いて。反抗期の子どもに、払います、絶対払いますと一筆書かせるような世の中になっている。

井手　親は親で、バブル期の豊かな時代を知って大きくなってますよね。自分の欲望をおさえてまで子どもを産み、育てるというのが難しい。少子化というのは、子どもにそれなりの教育をしなければ将来が不安だという面と、同時に自分たちのくらしの質を落とさなければならないがそれは困るという、迷いのなかで起きてますよね。

Bさん だから、その考えを変えるための第一歩として、生活が苦しい、余裕がないというところを解消しないとどうしようもないと思うんです。それは所得だけではありません。仕事の忙しさももちろんあると思います。夫婦で子育てを楽しめるくらいの時間的余裕は当然必要です。

それなのに、いま地域でいろんな取り組みがあるけど、みんな大変なんだから、あなたも頑張ってという雰囲気が強まっています。自分たちのくらしで精一杯だけど、なんて言うか、ある種の同調圧力みたいなのが明らかにあります。

とにかく息苦しい。稼ぎがないと将来まずい、ずっと貯金しないとだめなんだ、そんな強迫観念がうすれたら、かなり余裕ができて、家を買えるかもしれない、お母さんにゆとりができるかもしれない、子どもも楽しくくらせるかもしれない、そう思います。

「善意の灯火」にも限界がある

井手 小田原は、祭り文化が強いところで、いわゆる自治会・町内会が250もあって、ものすごく存在感があるんですよ。これを自治会連合会というのがエリアで束ねてるんですけれど、それぞれで見守り介護だとか、地域サロン事業だとか、いろんな取り組みが実践されてるんです。本当にみなさんよくやっておられます。

でも、高齢化が進む、世代交代が進むけど現役世代に余裕がない、そんななか、わが小田原でさえ、10年後の先が見とおせなくなってきています。町内会のなかには、すでに子ども会がないところもあります。歴史と文化にめぐまれた20万都市でさえそんな状況です。

僕たちの社会は、おたくは余裕があるでしょう、ちょっとやってよ、というのをいたるところでやり過ぎていて、どこもかしこもが悲鳴をあげている感じがありませんか？　だから、地域包括ケアで地域に任せると言うんだけれども、できないですよね、はっきり言って。ＮＰＯとかボランティアとか、ＰＴＡだってそう、みんな余裕をなくして参加できていない。それなのに、そこに頼るしかないというジレンマに僕たちは直面している。

余裕を持つにはお金を稼ぐか、お金がないなら住民みんなで汗をかくしかない。でもそれがもう限界だとするなら、新たな再分配の仕組みをつくって、みんなが貯めこんでいるお金をなんとか引っ張りだして、生きていくための経費を軽くするしかないでしょう。税で社会に蓄えをつくりましょうという以外に、僕はもう道がないと思うんです。

いきなりですけど、僕って慶應義塾大学経済学部教授じゃないですか。年収は社会的に見ればいいほうです。あー、やっぱり感じ悪いかなぁ（笑）。

でもね、まじめな話、子どもが三人もいるとハッキリ言って大変なんです。子どもがもし中学受験したい、私立の理系に行きたいなんて言いだしたら、ごめん、ムリって謝るしかないかもしれません。慶応の教授でもこんなもんです。

たとえば、大学を無償化するってね、膨大な貯蓄の責任から解放されるってことでしょう？　でも、そのかわり日々のくらしのお金の一部を税として払うことで、毎日、毎日、少しずつ別の誰かのために恩返しするってことでもあるんです。

うちは子どもいないから大学なんて関係ないと言う人がいます。でも、お子さんがいなければ必ず介護の世話になるでしょう。そのためのお金には、子どもが親を支えている家庭からの税も入ってます。俺は本を読まないから図書館はいらないという人がいるとします。でも、その人はたとえば頻繁に高速道路を使ったり、病院を使ったりしているかもしれません。いいこともあるし、悪いこともある。そんな目に見えない複雑なつながりのなかで、結局、税金っていうのは、支えあいのための経費として使われています。

でも、サービスをタダにしました、困ってる人に現金をあげましたというだけではカバーし切れないなにか、深刻な社会の闇がいたるところに出はじめているような感じがするのです。そこは今日、みなさんに教わった部分でもあります。

そのカバーしきれない領域を、子ども食堂であれ、Dさんの支援であれ、損得勘定を超えて、おぎなおうと頑張っている人たちがいる。本当にね、頭がさがります。僕なんてこうやって口先であれこれ言ってるだけで、誰も幸せにしていませんから。

でも、その頑張りを美談で終わらせてはいけないですよね。一部の人間の「善意の灯火」にみんながすがりながらなんとかもちこたえているという状況は、やっぱりおかしい。誰かの心が折れた瞬間にすべてがくずれさる、そんな社会はおかしいと思うのです。

困っている人がいるって？　でもなんとかなってんじゃん。困ってる人がいるって？いやいや自己責任ですから。こんな議論が成り立つのは、死に物狂いになって支えている人たちがいるからです。その人の善意にぶらさがりながら、自己責任論をいくら繰りかえしたところで、結局、誰も浮かばれないですよ。かかわる側の負担は増える一方だし、かかわる側がアップアップになれば、その相手にとってつらい状況が必ず生まれてきます。

Dさん　子ども食堂の会合でお話をさせてもらうことがあるんですけど、僕はこんなふうに言います。子ども食堂ってね、もちろん尊い、立派な活動ではあるんだけど、雨もりのバケツみたいな活動だって感じませんか、って。本来大事なのは、雨のもらない家をつくること。もちろんバケツがなければ水浸しになるから、みなさんの活動はすごく大事なんですけど、雨がもらない家をつくっていくという視点も私たちはもたないといけないいんじゃないですか、と。これは井手さんの本を読むようになって感じた気持ちです。

井手 うわっ、うまいことまとめられた。今日は渾身の講演だったのに。そのドヤ顔やめてください！

第4講

「経済の時代」から「プラットフォームの世紀」へ

危機の時代に何が起きるのか

井手　なんだかあっという間の勉強会でした。お忙しいなか、毎月、毎月、遅くまでお付きあいくださったみなさん、本当にありがとうございました。

そしてこういう場を設けてくださった東洋経済の山崎豪敏さん、岡田光司さん、渡辺智顕さんには心から感謝しています。ありがとうございます。岡田さんには何度も何度も励ましていただいて。本当にありがとうございました。

あとこの場にいないうえ、他社の人をあげるのはおかしいんですが、岩波書店の上田麻里さんにもお礼を。この講演の中身は『幸福の増税論』をわかりやすく話したものです。上田さんが講演録というアイデアに賛成してくださったからこそ、いまがあります。

今日は最後ですからね。壮大な話をします。大きな話というのがいま本当に大事だと思うんです。学者もそう。メディアもそう。政治ももちろんそう。目の前の話ばかりで大きな話をする人が本当に少なくなりました。

マルクスであれ、ケインズであれ、ポランニーであれ、昔はグランドセオリーと呼ばれ

図4-1　国連の人口予測

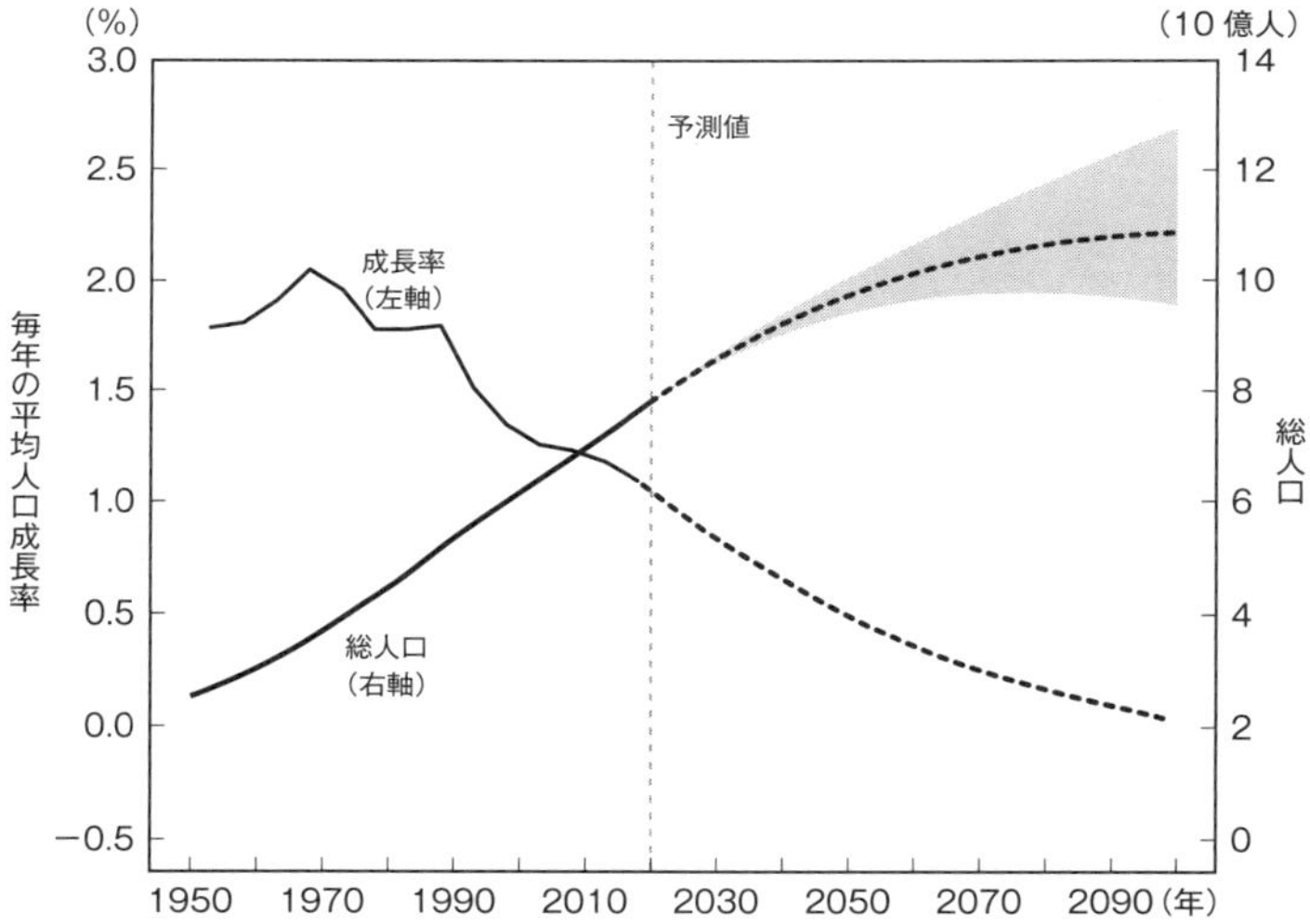

出所：https://population.un.org/wpp/Publications/Files/WPP2019_Highlights.pdf

るものがありました。しかし、そうしたものへの批判がきわまり、気づけば大きな話をできる人がほとんどいなくなりました。

ビジョンを語れるリーダーがいないってつまらないですよね。だから最後はあえて「みんなの物語」を話します。僕たちが議論してきたこれまでの方向性が決して僕らの「願望」ではなくて、歴史の「必然」なんだと感じてもらえるような、そんな最後にしたいと思っています。

Cさん　ものすごい気合ですね。

井手　ええ、早くもめまいがしています。さあ行きますよ。

今日は図4-1からはじめます。

これは国連の推計です。人口成長率の変化率を見てほしいのですが、ちょっと意外かもしれません。先進国だけではなくて、アジアやアフリカなど、ふつうだったら人口は当然増えていそうな地域も含めて、全体の伸び率がゼロに近づいているのです。

これが21世紀の基本的な姿だということです。移民を受け入れればなんとかなるという楽観的な気分がありますが、中国もふくめた主要国で人が減り、多くの国ぐにで労働者の奪いあいが起きてもおかしくない時代になるということをまず確認しておきましょう。

いま先進国経済を見てみますと、労働生産性の停滞、賃金の伸び悩み、少子高齢化といったさまざまな問題が起きています。つまり、21世紀というのは、世界的に見ても「縮減の世紀」の様相を呈しているわけです。人口減少だけではなく、さまざまな行きづまりが複合的に、しかもあちこちで起きるということです。

21世紀は危機の時代と言っていいかもしれません。危機の時代と言うと、なんとなくおっかないですね。でも歴史は危機の時代にこそ生まれ変わります。

だったら、これまでの危機の時代にどんなことが起きたのか、つぶさに観察していくことで何かが見えてくるでしょうし、いまこそ、訪れるであろう困難にそなえて、あるべき社会の見取り図を描いておくべきタイミングだということになるはずです。

日本の歴史を振りかえってみます。かつて3回人口が減った時期がありました。

1回目は縄文時代の終わりごろです。寒冷化の影響で食物がとれなくなってしまったことが人口減の原因と言われています。

ただ、人口問題だけでなく、広い意味でとらえれば、縄文時代は全般的に危機の時代と言えるかもしれません。平均寿命は30歳、わずかな気候の変動、食物の摂取量の変動が生き死にに直結する時代です。ですから、障がいがある人も、歳をとった人も、生き残りのための重要な戦力でした。差別もなく、人間一人ひとりが平等にあつかわれた時代だった、と歴史家の網野善彦さんは言っています。

平安時代の終わりから南北朝期にまたがる時代が2回目の人口減少期です。この時期も気候変動が主な理由だと言われています。

みなさん「惣村《そうそん》」って聞いたことありますか？　僕らがいま農村、村落共同体と聞いたときに思い浮かべる風景がありますよね。あれができたのがこのころです。

その直前の時代には、農民は荘園領主と契約関係をむすんでいました。ですから、よりよい条件があれば、農民は生活の場を移動させていました。つまり、いまのように何世代にもわたって集まって住むということはふつうではなかったのです。

ところが、南北朝期になると戦乱の時代ですから、生存、生活の防衛の必要から、彼らはひとところに集まってくらすようになりました。これが惣村です。惣村は自治の単位でもありました。さまざまなルールが生みだされ、近世から今日につながる生産と生活の共同体となっていきます。

3度目の減少期は江戸時代の中後期ですね。ここでも気候変動が起きています。冷害による飢饉が頻発する、富士山が爆発する、そうした不安定な時代にあって、どんな変化があったのでしょう。社倉《しゃそう》と呼ばれる倉庫を村につくり、そこにもみ米をため、いざ飢饉が起きたら、そこの倉を開いてみんなで分かちあうという仕組み、いわゆる備荒《びこう》貯蓄が幕府を巻きこみつつ全国に広がっていきました。

もうひとつ、御救《おすくい》という再分配の仕組みも様変わりします。弱者の救済はそれまで幕府や藩がやってましたが、危機の時代にはそれが機能しなくなってしまいます。そしてその責任が村に降りてくるわけです。

村方三役と呼ばれる人たちが名字と刀を持つことを許されて、侍の身分に編入されていきました。そのかわり、村のなかでの貧民救済はあなたたちがおやんなさい、というわけです。いわば公共部門の再編が危機の時代に起きたわけです。

福祉国家の両極にある国ぐにのできごと

国外に目を転じてみましょう。高福祉高負担で知られるスウェーデンを見てみます。いまでこそ福祉先進国ですが、19世紀の終わりから20世紀初頭のスウェーデンは、かなりきびしい社会状況に置かれていました。

当時のスウェーデンは人口が500万人ちょっとの農業小国でした。農村のまずしさ、都市の生活環境の悪さから、毎年約2・5万人の人たちが海外に流出していて、出生率はヨーロッパ最低レベル、スウェーデン人は消滅するとさえ言われた、そんな時代でした。おまけに、世界大恐慌が経済を直撃しましたから、1931年には失業率が25％を超えるというとんでもない危機的状況にスウェーデンは置かれたわけです。

こういう時代にあって、社会民主労働党の若きリーダー、ペール・アルビン・ハンソンという人が1928年に歴史的な演説をします。「国民の家についての演説」です。

この演説が印象的なのは、「国家」を「家」になぞらえた点です。しかも、社会民主労働党なのに、「労働者の家」という左派的な表現をあえて使わず、「国民の家」という表現を使うことで保守層からの支持を取りつけることに成功しました。

余談ですが、僕は『富山は日本のスウェーデン』（集英社新書）という本を書きました。そのなかで、リベラルの思想を保守的な思想と区別するのではなく、社会民主主義の代表格であるスウェーデンを保守的なロジックのなかに位置づけなおし、日本の保守的な風土とリベラルな考えが接続できるかもしれないという議論をしました。

そこでの「ねらい」は、まさにハンソンと同じように、僕たちの理念を保守的な言葉で読み解き、リベラルのすそ野を広げることにありました。保守的な層に響いたまではよかったのですが、同時に左派の一部から猛烈な批判を浴びました。ある程度は予想していましたけど、日本に社会民主主義的な思想が根づかない大きな理由を見た気がしました。

話をもどしますね。ハンソンの演説は、僕たち、私たちスウェーデン人は、家族のように助けあうんだと宣言しました。少し長いですけど引用しておきましょう。

「家の基礎は、共同と連帯である。良き家は、特権を与えられた者と軽んじられた者を知らない……国民と市民の大きな家に当てはめると、それは、現在、市民を、特権を与えられた者と軽んじられた者に、優位に立つ者と従属的な立場の者に、富める者と貧しい者、つまり、財産のある者と貧窮した者、奪う者と奪われる者に分けているすべての社会的、経済的バリアの破壊を意味する。階級社会スウェーデンは、いつか国民の家スウェーデンにとって代わられなくてはならない」（木下淑恵「P・A・ハンソンと『国民の家』」『北欧学のフロンティア』ミネルヴァ書房）

スウェーデンは、みんながひとつの家にくらす家族のようなもので、家族どうしがお互い支えあうべきだ、そのためには、弱者と強者のあいだに引かれている分断線、すべての分断線を破壊しなければならない、こう言ったのです。そして、権力の座についたハンソンは、この家族のアイデンティティを軸として社会民主主義の礎を築いていきます。

気をつけてほしいことがあります。昭和恐慌という未曾有の経済危機に直面したという点は日本も同じでした。そしてそのときに急速に広がったのが、歴史的に重視された家父長制、天皇を慈愛と畏敬の観念でいろどりながら、国家の父とみなしながら、家族の原理で社会をつくりなおそうとする動きでした。

そう、全体主義です。社会全体を家族の原理でつくりなおしていけば、社会民主主義にも全体主義にもなりうる。これは強く心に刻んでおきたい点です。

しかも全体主義をのがれたスウェーデンでさえ、強制的な不妊治療を施してきたという負の歴史を持っています。家族の原理で社会を形づくろうとするならば、より多元的な意思決定の仕組みをととのえなければいけません。この点はまたあとで話します。

続けて同じ時期のアメリカを見てみましょう。

アメリカと言えば福祉が貧弱な国として語られがちですが、じつは社会保障という言葉をあみだしたのはアメリカです。１９３５年に社会保障法（Social Security Act）を成立させたのは、フランクリン・ルーズベルト大統領でした。

当時、ヒューイ・ロングやチャールズ・コフリンといったファシスト的、ポピュリスト的指導者が出てきていた不安定な政治状況でした。そこで、ルーズベルトは国民を説得する手段として、社会全体での保障を論点にすえたわけです。

印象的な文をここでも紹介しておきます。１９３５年の社会保障法制定、そして１９３８年の同法の修正をめぐるスピーチのなかでルーズベルトはこう言っています。

「私たちは、平均的な市民とその家族に対して、仕事を失うことや、貧困に苦しむ高齢者を保護するための、なんらかの手段を提供する法律を策定しようとしてきた」

「私たちがなしつつあることはよいことだ。だが、十分によいものではない。真に国家の、社会の保障となりうるためには、その保護を必要としているすべての人たちを包摂しなければならない」

小さな政府、新自由主義や新保守主義へと導かれたアメリカですが、そんな国ですら、「まずしい人たち」ではなく「平均的な市民とその家族」「保護を必要としているすべての人たち」を対象とせざるをえなかった。これはとても重要な事実だと思います。

危機の時代にあらわれる「家族の原理」

いままでの説明が一本の糸でつながっていることに気づきますか？

じつは、日本の歴史を見ても、スウェーデンの歴史を見ても、アメリカの歴史を見ても、危機の時代には必ず支えあい、満たしあうという動きがあらわれる、そして、すべての人たち、家族のようにという考えかたが出てきています。

なぜでしょう。理由は簡単です。それは、危機の時代とは、「どこかの誰かが困っている時代」ではなく、「大勢の人びと」、つまり「みんなが苦しんでいる時代」だということ、そして、みんなが生きていくため、くらしていくためには、分断線をかき消し、相互依存的な関係を強めていかなければ社会が不安定化することが明らかだったからです。

僕が民進党に「オール・フォー・オール（みんなの税をみんなのために）」という政策を提案したのも、思いつきからではありませんでした。もちろん願いをこめたのでもありませんでした。家族のようにみんながみんなを支えあうという発想は、「縮減の世紀」に必ず必要とされる、と考えたからでした。だからこそあえて、リベラルでも保守の言葉である「家族」から目を背けてはいけない、と主張したのでした。

２０１７年の衆院選で、安倍政権が消費税の使い道を変える、幼稚園、保育所を無償化するために税収を使う、まずしい人たちの大学の授業料を軽減する、そう訴えたわけですが、当時、僕の議論を知っていたメディアのみなさんからは、「井手さん、政策をパクられましたが、どう思います？」という質問をされました。何度も、何度も。

Eさん　知っている人から見れば明らかにそうでしたからね。

井手　その後、自民党のなかでは「オール・サポート・オール」なんて言葉が飛び交ったりして、さすがに驚きましたけど、政策のパクりだ、争点つぶしだと言われることへの違和感はありました。

本当は、幼保無償化だけマネをしても、それは「オール・フォー・オール」でもなんでもないんです。だって、幼稚園、保育園の費用をタダにしたって、子どものいないカップル、子育てが終わったおじいちゃん、おばあちゃん、50代、60代の人たちにとっては、何のメリットもないわけですから。

「オール・フォー・オール」はそんなパッチワーク的な政策ではありません。すべての人たちにくらしの安心を提供しないといけない。だから当時の民進党の公約では、医療・介護の総合合算制度、つまり医療や介護にかかる自己負担の上限導入が書かれていましたし、介護士、保育士の待遇改善、住宅手当の創設も組みこまれていたわけです。

問題は財源ですよね。僕たちは消費税の軽減税率を止めるべきだと考えました。なぜなら軽減税率はお金持ちも得をするからです。富裕層だってお野菜やお肉を買います。それなら、住宅手当でダイレクトに低所得層に「品位ある命の保障」をやったほうがはるかに効果が大きいと考えたのです。

もうひとつ、消費税の2%を全額、命とくらしの保障に向けるよう、僕は提案しました。これをお金持ち増税とセットにすることで、財源を確保しつつ、格差是正を実現するというアイデアでした。当時は階猛《しなたけし》さんが政調会長でしたが、本当に熱心にやってくださって、まさに「分配の大転換」ともいうべき体系性をもって政策ができたんです。

これらの考えかたは、人類の苦渋の歴史からの学び、教えにしたがったのであって、困っている誰かを助けたいという善意からきたものではありませんでした。また、自民党も部分的なつまみぐいしかできませんでした。

でも、それ以前に、それは誰かがパクるとか、争点つぶしだとか、そういうレベルの問題ではなかったのです。長い目で見れば、そういう方向に政策は収れんしていくしかないと僕は思っていました。ですから、自民党もこちら側に来たんだなと感じたというのが、当時の率直な気持ちでした。この見通しの是非は10年、20年たって歴史家が審判をくだすでしょう。

経済の時代

僕は「経済の時代」という言葉を使います。みなさんも、どんな学校に行くとか、どんな青春時代を過ごすとか、どんな会社に行くとか、誰と結婚するとか、何人子どもをもうけるとか、そういったことを全部、経済的な理由で決めていませんか？　だから、僕はそんな時代を経済の時代と呼んだわけです。

僕たちの社会は、昔風に言うと「資本の論理」、わかりやすく言うと、お金をもうけたいという「欲望（wants）」で動いていますよね。ここを主語にすれば「資本主義」という表現になるでしょう。

でもそれだけじゃありません。生きていく、くらしていくための「必要（needs）」をどうやって満たすかという論理、これらがセットになって社会は動いています。僕が資本主義という言葉を使わないのは、ニーズをお金で満たすという面をかなり強く意識しているからです。みなさんは「消費」をしますよね。でも、この消費は「欲望」を満たすのと同時に「ニーズ」を満たすために行われています。ここがとても大事な点です。

もう少しこまかく見てみましょう。１つ目は、消費には見せびらかすための消費、難しく言うと「顕示的消費」があります。これはまさに「欲望のための消費」です。

２つ目は「個人的ニーズのための消費」です。今日、みなさんがここに来るとき、「移動する」というニーズがまずありますよね。その移動のためにバスを使う、電車を使う、飛行機を使う、それは個人の好みによって、さまざまに満たされるでしょう。これを「個人的ニーズのための消費」と呼んでおきます。

最後に「社会的ニーズのための消費」があります。まさにベーシック・サービスはこの一部です。病気にならない人はいませんから、医療はみんなに共通するニーズですよね。これがみんなのニーズだと社会的に認められたとき、みんなが払う税を使って財政でこのニーズを満たすこととなります。古くはお母さんの仕事だった子育てが、幼保無償化によって社会の任務になるという変化はまさにこれです。

僕が「ポルシェを買って」と言っても、あるいは「今日は飛行機で福岡に行くからお金ちょうだい」と言っても、みなさんは僕のためにお金を払ってくれないでしょう。なぜなら、それは「社会的ニーズ」ではないからです。財政とはあくまでも「社会的ニーズのための消費」、つまり、みんなのニーズのための仕組みだということ、ここが肝です。

僕の言う「経済の時代」とは、「欲望」と同時に、「個人的ニーズ」「社会的ニーズ」、これらのための消費を「お金」ですませる時代をさしているわけです。ですから「社会的ニーズ」を村のみんなが汗をかいて満たしていた江戸時代は、経済の時代ではないということになります。

面倒くさい話ですみませんね。みなさん、ついてきてますか?

Gさん　なんとか……たぶん(笑)。

井手　ここ、踏ん張りどころです。この区別ができると、これからの「縮減の世紀」の見通しがとてもよくなりますから頑張ってください。

「縮減の世紀」にあって、見せびらかしの消費はどうなるでしょうか。これはすでに前々回にみなさんと議論しましたね。まさにこれが抑制されていくプロセスに僕たちはいます。

世界的に浸透しているファストフードやファストファッションはその典型です。たとえば服で言えば、ユニクロやしまむらだけじゃなくて、H&M、オールドネイビー、GAPなどで、そういうトレンドは世界的に広がってますよね。かつては高級Tシャツを着ていた僕が、いまはふつうに1000円のTシャツしか着ません。いま着てるのだってたぶん2000円ぐらいの毛玉つきタートルネックです(笑)。

見せびらかしの消費は減る。そうすればGDPは減る。だけど僕たちのくらしは本質的には変わっていない、ここがポイントなんです。

裸をかくすという「ニーズ」がそこでは優先され、見せびらかすという「欲望」はおさえられています。つまり、「縮減の世紀」には、生きていく、くらしていくために不要な見せびらかしの消費からおさえられ、これが経済を小さくする一方、人びとのニーズが優先されることで、くらしの水準を何とか維持していくという動きが起きるわけです。

欲望からニーズへ

「個人的なニーズ」、それは、移動、住まい、衣類、なんでもいいのですが、命、くらしと深くかかわっています。ある意味では「みんなが必要とするニーズ」です。たとえばきょう、ここに集まることも含めて、言ってみれば「共通のニーズ＝移動」です。

ただ、そのための「財」をすべて政府が提供したとしたら、それは急速に社会主義に近づいていくこととなります。僕たちはそちらには行かない。「財」ではなくて、医療、介護、教育、子育てといった「サービス」に限定する。だから、個人的なニーズは、あくまでも私的なもの、税を使わない領域にとどまっています。

もちろん、それらが社会的に必要と認められれば、社会的ニーズに変わります。たとえば、日本が社会主義にもっと近かった時代には、鉄道は国営だったし、航空会社も半官半民でした。そこには税が入っていたわけです。移動だって社会的ニーズになりえます。

では、「財」の供給に政府がかかわらない、言い換えれば、市場での取引が残るということは、経済の時代はまだまだ終わらないことを意味するのでしょうか。

ちがいます。この「個人的なニーズ」を満たすときにも、タクシーがウーバーに、ホテルがエアビーアンドビーに、衣類や食器がデパートやスーパーからピアビーやメルカリにというように変わりつつあります。つまり、ネット上で「デジタル・コミュニティ」がつくりだされ、より安い値段でこのニーズを満たしていくという流れが生みだされているわけです。そう、いわゆるシェアリング・エコノミー（シェアエコ）です。

ここでちょっと考えてください。「うちの車に乗ってく？」「うち泊まってく？」「これ俺の使い古した食器だけど」……これって、旧知の関係、コミュニティ的な関係がなければ成立しなかった話ではないでしょうか。知らない人を家に泊める。知らない人を車に乗せる。ちょっと考えただけでも、おっかない話ではないでしょうか。

つまり、「縮減の世紀」では、市場の質が変わっているのです。

相互扶助的な、コミュニティ的な関係を技術的に、ネット上でつくりだす。取引から企業を排除しつつ、自分のプライベートな空間を市場に開放する。そうすることで、まずしくなっても安い値段でなんとか個人的なニーズを満たせるし、収入が減っていくなかでの「足し」にもできる。そんな市場の変容が生まれつつあるのです。市場の目的が欲望からニーズへと少しずつにじり寄ってきている、そんな感じでしょうか。

このように、消費は明らかに「欲望からニーズへ」という流れのなかにあります。こういう流れをつかまえれば、当然のことながら、「社会的なニーズ」の部分をどうつくりかえていくかという話になります。だからこそ、支えあい、満たしあいの原理からなる「必要の政治」「ライフ・セキュリティ」を僕は提案しているわけです。

世間的には、シェアエコが成長を生むという議論もありますが、それがいかに逆立ちした議論か、ということもわかると思います。反対です。成長しないから、所得が増えなくなったから、だからこそシェアエコは生まれ、広がっているのです。シェアエコをＧＤＰ

に取りこんでも無意味です。ＧＤＰは増えても、くらしは変わりませんから。

ふたたび起きている アメリカを巻きこむ動き

こうした「欲望からニーズへ」という動きはアメリカをも飲みこみつつあります。

アメリカでは“Common Ground for Independent Workers”という会合が開かれ、レポートが出されました。各界の有識者が連名で署名していますが、「独立型の労働者の共通の土台」、つまりここでも「共通の」という文言が出てきています。

サブタイトルを見てみます。“Principles for delivering a stable and flexible safety net for all types of work”、安定的で、フレキシブルなセーフティネットをすべての雇用形態のためにつくる、ここでも「すべての」とくるわけです。

もう少し説明しましょう。シェアエコとは言いますが、たとえばウーバーで運転手をやっているとき、その人たちの年金は誰が払ってくれるんでしょう。企業が事業主負担分を払ってくれるわけではありません。

彼らが低い収入しか得られないとしたら、この人たちのくらしの保障はどうなるのかという問題だってもちろん見逃せません。だからこそ、これを何とかしなければいけないという話がもうアメリカではじまっているのです。きちんと「シェアエコ後」の未来を議論しているということです。

この報告書では、4つの原則が示されました。今日の議論で注目したいのは「普遍性の原則」です。これは、仕事のかたちにかかわらず、誰もが基礎的保護にアクセスできなければいけないというルールです。

考えてください。アメリカですよ。アメリカですらユニバーサル、普遍性という言葉から逃げられず、万人の基礎的保護への保障が必要だと訴えたわけです。誰もが、みんなが、基礎的な保障にアクセスできるようにすべきだと言っているのです。

バーニー・サンダースが大学の無償化を訴えたことはみなさんもご存知ですよね。頑張れサンダースなんて応援してる場合じゃないですよ。大恐慌期と同様の、大きな歴史のうねりがあるからサンダースがあらわれたんです。僕たちがこの流れをどうつかまえ、どう政策にむすびつけていくのか。「オール・フォー・オール」であれ、なんであれ、まさにそこがいま問われているのです。

ローカルに学ぶ

なぜこんな気づきを得たのかという話になると、ひとつはこれまでに話した僕の生い立ちの問題を避けて通ることはできません。社会を見るときの見えかた、気づき、その根っこに僕の小さいときの記憶があったことはまちがいないです。

それともうひとつ、それは人口減少地域や中山間地域、あるいは小田原も含めて都市の動きを身近に観察する機会にめぐまれてきたことです。

消滅さえうたわれるような、そんな自治体を見ていれば、勘のにぶい僕だって気づくことがあります。それは、官対民、公対私みたいな、そういう二項対立の図式はもはや時代遅れというか、そもそもその状況が成立していないということです。

みんなが生きるのに、くらすのに必死な状況です。あるいは、地域、町が消滅する、みんなが生き残りに必死という状況です。行政と市民がけんかしていますとか、民間企業と行政が対立していますなんて、あいかわらずの図式で社会を切りとれない。市民社会論もまた、公共性を国や市場と切り離して論じてきましたが、その発想じたいのパラダイムシフトが求められています。

対立の図式が協調の図式に、あえてダイナミックに言えば「生き残りをかけた協調への闘争」へと流れが変わりはじめています。僕の言葉で言えば、「公・共・私のベストミックス」、人間が生きていく、くらしていくためのニーズを地域資源の総動員、総ぐるみで何とかしようとする時代に変わりつつある、ということです。

たとえば、人口減少や高齢化がいちじるしい高知県を見てみましょう。

土佐町石原地区というところがあります。JAが撤退して、スーパーとガソリンスタンドがなくなってしまうという生活の危機に直面した住民たちは、このふたつを地区の共同経営にしてしまいました。値段が高くても、ここでしか買わない、そうしないとくらしが成り立たない、明らかに「欲望」より「ニーズ」が優先されています。

大豊町もおもしろいです。ヤマト運輸と行政、商工会がタッグを組んで、高齢者の買い物を支援しつつ、これに見守り介護を組みあわせる取り組みをはじめています。

考えてください。行政が一軒、一軒、見守り介護をやったらどれだけ大変なことか。介護と買い物というニーズを企業のもうけとむすびつけつつ、いわば地域が総ぐるみとなって必要を満たそうとする取り組みがはじまっているわけです。

同じラインでいけば、佐賀県の多久市でも、見守り介護を民間と協定をむすんでやってます。第一生命、セブン-イレブンとか日本郵政などが多久市と協力して、見守り介護をかわりにやっているのです。

人口減少地域では、住民の減少が顧客の減少とむすびつきます。だからこそ、衰退を食い止めるべく、企業が行政の仕事をかわりに受け持つところにまで足を踏みだしていかざるをえないという現実があるのです。

岡山県の西粟倉村もいいですね。「100年の森林構想」で注目される地域です。村役場が中心となって所有者から森林を預かり、税金にくわえて、東京の企業が組んだファンドを利用しながら伐採した原木を地元のベンチャーに売却し、委託販売するというみごとな資金の流れを作りだしています。間伐という行政ニーズを、行政、民間企業、森林組合が一体となって満たし、さらに収益まであげるという例です。

あるいは大都市でもおもしろい動きが起きています。福岡市の「住まいサポートふくおか」では、高齢者の住み替えニーズを行政、社会福祉協議会、NPO、専門家、民間企業が連携しながらサポートしています。

もっと掃除の楽な、身の丈にあった小さな住まいに替えたいという、高齢者のささやかなニーズを地域のさまざまな主体が連携しながら満たしていくという動きが、大都市部でさえ、いや都市的なニーズがあるからこそ、起きはじめているということです。

経済の時代の終焉

こうした事例は、僕たちに何を教えてくれているのでしょうか。

まず、本来であれば、行政（＝公）がやるべき仕事を民間企業（＝私）やNPOなどの互助団体（＝共）がかわりにやっていること、しかも、それが民間企業の利潤動機とうまく調和しながら行われていることです。

公・共・私という三区分は古くからあるものです。またこの区分の定義じたい、非常に論争的なものです。でもここで強調したいのは、ひと昔前なら官対民、公対私という対立の図式で語られていたはずなのに、むしろ双方が一体となって社会的ニーズや場合によっては、個人的ニーズさえも満たす動きが広がっているという点です。

もう一点、ふつうだったら社会主義あるいは計画経済と呼ばれてもおかしくないような取り組みがあちこちで見られるようになっています。

民間ないし半民間が経営していたものを共有・社会化したり、あるいは行政が主体となって１００年後の設計図を描き、域内の資金循環をつくりかえるというビックリするような変化が起きはじめているのです。

さきほども言ったように、転換はつねに危機の時代に生まれます。そして、その危機が一番鋭くあらわれている人口減少地域はもちろん、固有の課題を抱える都市部も含めて、生きていく、くらしていくためのニーズを地域の人材、資源を総動員しながら何とか満たしていこうとしています。

まさに「公・共・私のベストミックス」の時代です。ああ、とうとうここまできたか、僕はそう感じました。以前に『経済の時代の終焉』（岩波書店）という本を書きましたが、「終焉」と僕が言いきりたかった理由も、もうおわかりかもしれません。

そう、社会のまとまりをつくる原則、少し難しく言ってよければ、統合の原理が明らかに変わりはじめているのです。

経済の時代では、欲望とニーズが複雑にからみあいながら、所得を増大させていました。そして、その所得を使って消費をおこない、欲望とニーズを満たしていったし、それがさらに所得を増大させていきました。

ところがいま起きているのは、欲望充足よりも、ニーズ充足へと軸点が動くという歴史的な変化です。見せびらかしをおさえて、命やくらしのニーズを満たす。そのニーズもお金だけではなく、地域の人材や人と人とのつながりといった資源を動員して、あるいはシェアエコのようにデジタル・コミュニティをつうじて満たしあう。そんな時代が目の前にやってきているからこそ、僕は歴史が生まれ変わる姿を見いだしたのです。

社会の根幹にある原理が変わってきたとすると、当然、社会の枠組み、かたちも変わっていくでしょう。まず基礎自治体の役割がかわっていきます。これまでは、税をつうじてお金を集めて、医療だ、子育てだ、上下水道だ、ごみ集めだというふうにサービスを提供することが自治体の仕事でした。

でも、「公・共・私のベストミックス」の時代には、公と共の連携とか公と私の連携とか、あるいは共と私をどうつなぐかとか、地域のなかで福祉のキーマンと教育のキーマン、PTAのキーマンがいたときに、このキーマンとキーマン、異分野の人たちどうしをどうつなぐか、というようなことが問われるようになっていきます。

もっと言えば、行政サービスを提供するためにお金を使うだけではなく、地域の課題解決を支える人間と人間の関係をつくるためにお金を使う、あるいはこのお金をどのように国が、地方が手当てしていくのか、そんな課題だって浮かんでくるでしょう。

それだけではありません。行政は、自分たちの力だけで課題を解決するのではなく、地域の人たちと一緒になって課題を解決しないともちません。だから、地域包括ケアのように、地域に福祉を丸投げにするというのではなくて、地域の人たちがちゃんと自分たちの課題を解決しようという気持ちになれる、そういうモチベーションを持てるような動機づけだって、これから行政がやっていかなければならなくなるでしょう。

僕は、野良猫公務員という言いかたをしますけれども、庁舎にはいないで、まちのなかをぐるぐる回りながらいろいろな関係をつくっていって、「ああ、その問題だったらあそこのあいつに頼むと簡単だよ」みたいなことを知り尽くしている人が役所でも必要になるでしょう。そして、こうした人たちは現実にあちこちで生まれはじめています。

「サービスプロバイダー」から「プラットフォームビルダー」へ。行政の質的な転換はじわりじわりと進んでいくのではないでしょうか。

未来を切り拓くソーシャルワーク

ただ、こうした仕事のなにもかもを行政に任せることは難しいでしょう。

だからこそ、そういうことをなりわいとする「ソーシャルワーカー」の需要が飛躍的に高まっていくと僕は考えています。ちなみに、いまの日本には、社会福祉士、精神保健福祉士という国家資格があって、これを持っている人たちを狭い意味でソーシャルワーカーと呼んでいます。

ここで確認しておきたい大切なことがあります。前回にみなさんからいただいた宿題、政府の保障のさきにある、一人ひとりの生きづらさとどう向きあうかという問題へのヒントがここにある、ということです。

僕は、ソーシャルワーカーの本来のすがたについて、仲間たちと議論したことがあります（『ソーシャルワーカー――「身近」を革命する人たち』ちくま新書）。そのなかでみなが口をそろえて言ったのは、国家資格を持っているからといって、彼らは単なる福祉サービスの提供者、つまり「サービスプロバイダー」ではないということでした。

ソーシャルワーカーとは、人や組織、制度などの地域資源を発掘しながら、一人ひとりのくらしをサポートする人たちです。人びとの権利をまもるために、その人の周囲にある環境すら変えていこうとする人たち、あえていえば「身近を変える人たち」です。

ソーシャルワーカーとは、利用者のくらしを直接的に支援するだけでなく、地域のなかに人と人との「関係」をつくりだし、地域が自分たちの課題を解決できるようになる土壌をつくっていく存在だ、僕はそう理解しています。

Bさん もう少し具体的に言うと、どんな感じでしょうか。

井手 一人ぐらしの認知症のおじいちゃんを想像してください。Bさんもご存知のように、外出してゆくえがわからなくなったり、スーパーで物を持ち帰ってしまったりという「問題行動」がいま、全国のあちこちで起きています。

では、そのおじいちゃんを施設に閉じこめ、ときにはベッドにしばりつけ、薬を次々に飲ませてさえいれば「問題」は解決するのでしょうか。それで高齢者の権利を守ったことに、高齢者の生きづらさを解決したことになるのでしょうか。

こんなもの、ちょっと想像すれば、そうではないことは明らかですよね。

まず、おじいちゃんがなぜ独り歩きをするのか、物を持ち帰ろうとするのか、その理由を特定しなければなりません。動機はなにか、ストレスが原因だとすればその出どころはどこか、おじいちゃんの気持ち、ニーズに敏感な支援が必要になるはずです。

でもそれで終わりじゃありません。そうした「問題行動」も、周囲に住む人たち、スーパーで働く人たちに対して、おじいちゃんにはどんな症状があって、なぜそういう行動を取るのかをきちんと説明していけば、「問題」ではなくなっていくはずです。

地域の人たちは、おじいちゃんを排除したいのでしょうか。それとも、ただ知らないだけなんでしょうか。僕は後者だと思います。もし、背景を知ることができれば、彼らはおじいちゃんが行方不明にならないよう見守ってくれるかもしれません。行方不明になっても発見される可能性が高まるかもしれません。スーパーも同じです。持ち帰った物をあとでかえしにいったり、お金を支払ったりすることもできるでしょう。

まだまだありますよ。一人ぐらしで大変なおじいちゃんの生活をサポートするために、行政からの支援を引きだしたり、さまざまな支援団体と関係を切りむすんだりして、重層的におじいちゃんのくらしをバックアップすることも大切です。もし、公的な制度に問題や不足があったら、そうした制度そのものをよりよいものに変えるよう、発言していくことも求められます。

少しは伝わりました？ そうなんです。ここで語られたいろんな可能性のなかには、明らかに「役割」があります。その役割を仕事とする人たち。それがソーシャルワーカーです。彼らもまた、単なる福祉の「サービスプロバイダー」ではなく、地域の「プラットフォームビルダー」として活動し、人びとのくらし、権利を守っていく人たちなのです。

地域には「共」の領域、それを支える主体がいます。そこには、自治会・町内会やNPOはもちろん、社会福祉協議会やPTA、さらには、JA、生協、労働組合、企業、そして市民といった具合に、さまざまなアクターが存在しています。

たとえば、JCA（Japan Co-operative Alliance）のように、JAと生協が協定をむすんで運動をはじめるなんて動きが起きています。こういうアクターをどのようにつないでいくのかは、福祉を超えて、重要な地域の課題となっていくでしょう。そうした文脈のなかでも、ソーシャルワーカーの概念は、広く共有されてよいと思いますし、彼らがいることでさらに「公・共・私のベストミックス」は深化していくことでしょう。

プラットフォームの世紀

日本が先進国のなかでとても低い租税負担率である以上、税をあげて行政が引きとることのできる余力は、まだまだ相当残されています。それは「ライフ・セキュリティ」を柱とした財政改革で実現すべきだと第3講で僕は言いました。行政の財政責任を無視した「公・共・私のベストミックス」は、たんなる責任放棄でしかありません。

ただ、右肩上がりの成長の時代が終わるどころか、縮減の世紀がはじまろうとしているわけですから、一人ひとりの細やかなニーズを行政にすべて頼れるかというとそうはいきません。とりわけ、高齢化の進む地方部ではそうした問題がよりクリアになることでしょう。

だからこそ、行政自身が「サービスプロバイダー」から「プラットフォームビルダー」にシフトしていくことにくわえて、サービスを提供するだけでなく、サービスの供給をサポートできるような関係づくりのための財政支援をしていかなければなりません。

きょう僕はいろいろな造語をみなさんにお話ししましたよね。すみませんね。カタカナばかりで。お前、よくそうポンポン言葉をつくれるなと思ってませんか。

Bさん カタカナ好きは日本人の悪い癖ですよね。

井手 それ言わないでくださいよ（笑）。でもね、これらの言葉や、それらで示した方向性は、現実の行政や政治の場でもすがたをあらわしはじめているんです。だから、僕を空想主義者だ、理想主義者だとは思わないでください。

Bさん 井手さんはだいぶ現実主義者だと思います。学者とは思えないくらい。

井手 それはそれで傷つきますけどね（笑）。

まずは、日本弁護士連合会や労働組合の全国組織である連合の議論から紹介します。

これらの団体が、格差是正、反貧困のために闘ってきた団体であることは、みなさんもご存知ですよね。ですが最近ではだいぶ議論のトーンが変わってきています。

２０１８年10月に日弁連が「若者が未来に希望を抱くことができる社会の実現を求める決議」というのを出しました。そのなかで「普遍主義」、つまり「誰か」を救済するのではなく、「すべての人びと」の権利を守ることの大切さが訴えられ、「尊厳ある生活を保障」し、「『生まれた家庭』の経済力や性別など自ら選択できない条件に左右されることがないように社会保障制度を充実させることにより、互いに租税を負担し連帯して支え合うことへの国民的合意を形成」すると高らかにうたわれました。

連合も同じです。立憲民主党、国民民主党との政策協定のなかで、「負担の分かち合いと社会の分断を生まない再分配」、そして「年齢や性別、障がいの有無にかかわらず、誰もが安心して働き・暮らすことのできる社会保障制度の再構築に全力を挙げる」との方針が明確に示されました。

これらの文章をつくった人たちをよく存じあげているのですが、その気持ち、努力を思うと泣けてきます。僕もいろんな反発を受けましたが、みなさんもそうした悩みと闘われたはずです。みんな同じゴールをめざしてる。何とか社会を変えようと奮闘している。本当によく勉強されているし……頭がさがる思いです。

あと、僕が参加させてもらった総務省の「自治体戦略２０４０構想研究会」の報告書には、ソーシャルワークの重要性が言及されました。

このことはソーシャルワーカー関係者の間でもおどろきだったようです。『福祉新聞』という業界紙には、「総務省がソーシャルワーカーの活用に言及するのは異例」の文字がおどり、日本ソーシャルワーク教育学校連盟の会長さんも「ソーシャルワーカーが注目されることはありがたいし、その活躍の場が広がることを期待する」と応じました。この記事、フェイスブックやツイッターでも異例の数のシェアが行われたんです。

また、全国市長会創設120周年記念の研究会では、協働地域社会税という税の提案が行われています。全自治体が一斉に住民税などの増税をおこない、そのお金をソーシャルワーカーの雇用にむすびつけていこう、地域コミュニティの拠点づくり、公共インフラの整備にむすびつけていこうという提案です。ちなみに公務員の労働組合である自治労も地方連帯税として、同じ議論をこれにさきんじておこないました。

縮減の世紀にあって、現場を預かる全国の市長さんたちは、事態を傍観するわけにはいきません。のちに「研究会に参加した市長さんのなかで反対した人が一人もいなかった」と牧野光朗飯田市長、染谷絹代島田市長も振りかえっておられました。

ちなみに、僕もその研究会にいましたが、松本武洋和光市長のおっしゃった「検討するという言葉はダメだ、すぐやるの気持ちでなければ」という言葉が印象的でした。そうなんです。自治体こそがまさに課題の最前線にいる。気迫にこちらが圧倒されました。

「縮減の世紀」はきびしい時代です。しかし、「経済の時代」が「プラットフォームの世紀」へと劇的に変化する、いわば産みの苦しみの時代だ、そう感じずにはいられません。

連れあいはこれまで三人の子を産みました。彼女が子どもを産むたびに、僕は果てしない尊敬の気持ちにつつまれます。この社会が産みの苦しみにもがき苦しんでいるということは、尊敬すべき人間の営みがそこにあるのだということにほかならないのです。

シュンペーターの卓越した視点

僕が若いときに一番学んだ研究者のひとりに、ジョセフ・シュンペーターという社会経済学者がいます。そしていま、さんざん読んだはずのシュンペーターの本の味わい深さをあらためて感じています。

シュンペーターは「資本主義の不安定性」という論稿のなかでこう言いました。

「経済的必然性によらずに、おそらく経済的厚生の何らかの犠牲をあえてしても、社会主義その他と呼ぶかどうかは趣味と用語法の問題であるような事物の秩序へと変化させられていくであろう」

ちょっと難しい表現でごめんなさいね。ようは、マルクスが言ったように、宿命論的に資本主義が滅びるというわけじゃない。けれど、経済的に見れば損をするということをあえてしてでも、社会主義的な状況、つまり共有化や社会化が中心となる時代が訪れるだろう、そう説いたわけです。

社会主義と呼ぶかどうかは趣味と用語法の問題、うまいこと言いますよね。本当にみごとです。危機の時代には、生きるため、くらすために、共有や社会化がどうしても避けられなくなる。それをかつては国レベルで実現しようとし、これを社会主義とよんだ。そしてこれから、同じような現象がまたちがったかたちで起きるだろう……。

そうなんです。それを国レベルでやらなければならない必然性はどこにもないのです。そして、僕たちは社会主義の失敗に学びながら、新しい共有のモデルを語りあわなければいけないはずなんです。

僕たちは、一方で「ライフ・セキュリティ」によって公的なプラットフォームをつくりかえる。同時に、ソーシャルワーカーをひとつの梃子として、ローカルのプラットフォームもととのえていく。こうして、地域、地域ごとに多様な「公・共・私のベストミックス」が生みだされる。

これらの重層的なプラットフォームに支えられながら、人びとは将来不安から解き放たれ、よりよい生きかた、自由な選択が可能となる。個々、それぞれの生きづらさから自由になれる。

さっき「家族の原理」で社会をつくれば、それは社会民主主義的にも、全体主義的にもなりうるんだという話をしました。中央集権的で、トップダウンの仕組みを根幹にすえてしまえば、社会は全体主義的になったり、あるいは社会主義的になったりするでしょう。だからこそ、僕たちは多様で、分散した、重層的で、自由な社会をめざしていかなければならないのです。

最後にもうひとつ、シュンペーターの言葉を引いておきたいと思います。

「ある予見をなすことは、けっして予言した出来事の進行を願っていることを意味するものではない」

僕はこれからの21世紀を大胆に「予見」しました。しかしそれは、そんな社会になってほしいという僕の「願望」ではありません。20年の時間を費やしてきた学問、全国のさまざまな取り組みに学んできた経験、それらの自分なりの知性の行き着いたさきとして、そういう「予見」をしたつもりです。これもまた、学者の大切な仕事だと思っています。

生きているだけで幸運な命だから発言する

僕たちはいま、大きな歴史の渦に巻きこまれつつあります。そして、これまでの議論で、その歴史の渦がどういう渦なのか、その渦がどういう方向に向かっていくのか、少しだけでいいから、混沌とした社会の見晴らしがよくなったらいいなと思っています。

でもね、みなさん。結果が見えたというふうには誤解しないでください。ゴールがこうだとは絶対に誤解しないでください。そうじゃない。だいたい僕の知性なんてたかが知れているし、せいぜいのところ、こんなふうになるんじゃないかという「方向」が見えているだけなんです。ぼんやりと。

だから必要なのです。さらなる議論が。だから繰りかえし言っておきたいのです。家族という言葉だけをひとり歩きさせれば、社会民主主義化したスウェーデンになるかもしれないけど、全体主義化した昔の日本になるかもしれないし、もしかするときょう僕がお話しした新しい社会モデルにたどり着くかもしれない、と。同じ言葉がまったくちがう将来を導きだすことはは十分あり得るんだ、と。

僕は、人間が自由に生きていける、よりよい明日を追い求める自由の条件について考えたいと思ってきました。だけどそのためには、何もかもを180度変えてしまうのではなく、この社会の歴史や成り立ち、そのなかのよい部分と悪い部分、双方に目配りしながら、意識的に1度だけ舵をきる決断が必要なのだと思っています。

僕が「勤労国家」という言葉をなぜつくったのか。それは日本の歴史に学び、何が限界で、どのように僕たちの社会が行きづまっているのかを知りたかったからです。

僕たちはスウェーデンのような高福祉高負担のモデルをつくれなかった。人びとのくらしを保障する先進的な福祉国家モデルをつくれなかった。見かたによっては「先進国の一周あと」のような場所にいた。それは事実だと思いますし、左派やリベラルが批判してきたのは、まさにその点でした。

でも、「遅れていた」からこそ、政府に頼らずにやってきたからこそ、いまだに地域にはいろんなつながりが、人と人との関係が眠っている。だったら、僕たちはその資源と政府、財政のつくりかえとをむすびつけて、新しいモデルを掘りおこすことができるはずだと思いませんか？

周回遅れのトップランナーでいいじゃないですか。いいんですよ、それで。時代が変わる歴史の転換点には、お客さん、つまり社会の価値や求めがそっくり変わってしまいます。そうすれば周回遅れだってことは誰にもわからない。歴史はそういうことの繰りかえしなのです。

じゃあ、なぜたった「1度」なのでしょうか。意味ないじゃないとみなさん思うかもしれません。でも、この1度のちがいの先に何年、何十年という未来がつくられていけば、社会はきっとまったく別のものになってると思いませんか？　未来はつねに「いまの延長線上」にあるんですから。

だから、いまを少しずらすために語りあいたいのです。合意可能な、現実味のある大転換。そんな矛盾した思いを、僕はこの「1度」という言葉にこめたいと思います。

でもね、たった1度で未来が大きく変わるからこそ、あやまった1度を生みだしちゃいけないのです。連帯、連帯とみんな言ってきた。でも、誰と誰が連帯するのか、中低所得層が連帯するのか、中高所得層が連帯するのかで社会のすがたは全然ちがってきます。

「縮減の世紀」だからこそ、この連帯の範囲を可能な限り広げていかないといけない。つまりまずしい人たちと一部のグループだけで連帯するのではなく、連帯の範囲を広げていって、そのなかで可能な限り広い合意形成をしていかないといけない。

あいつは保守だ、あいつはポピュリストだじゃなくて、そんな人たちをもひきつけられるような、新しい時代の言葉をつむいでいかなければいけません。これまで言ってきたことを立場的に変えられない、それじゃあ、前例踏襲主義、伝統主義、あえて言えば悪しき保守主義と何がちがうというのでしょうか。僕がいま言っているこの話も、20年間の努力の成果であるこの話も、議論のたたき台でしかありえないのです。

「いけない」だらけですみません。でも、うえから目線を恐れずに言わせてください。それを言えなければ、なんのために学んできたのかわからなくなります。

僕は人生のなかで、三度、命の危機に直面しました。

一度目は母が僕を出産するか悩み苦しんだとき。もしかしたら無造作に、ゴミくずのように捨てられた命だったかもしれませんでした。二度目は、借金問題で取りたてにきた「反社会的勢力」の人と口論になり、連れ去られたとき。車に乗せられ、市内中あちこちに引きずりまわされました。そして三度目は脳内出血で生死の境をさまよったとき。

いくら僕が頭悪くても、三度も生き延びれば、いい加減自分が幸運だったってことくらい気づくわけです。産んでもらっただけでありがたい小さな命なのに、こうやって話を聞いてもらえる、本を出させてもらえる、本当にありがたいんです。ふるえるほどうれしいんです。伝わっていますか?

でもね、この社会には、運が悪かっただけで、絶望するしかない人たちが大勢います。生まれた家が貧乏だったというだけで未来を閉ざされ、女性に生まれたというだけで仕事をあきらめさせられ、障がいがあるというだけで非効率と決めつけられる、そんな人たちであふれかえってるんです。

僕はそういう状況が許せない。自分だけがぬくぬくと本を読んでいればいいとは、絶対に思えない。だから、政党との距離をつめ、出版、講演、メディアとあちこちで、それこそ全国を飛びまわって発言してきたわけです。

本当は仲間である人たちから批判を受け、裏切られてきました。傷つくこともたくさんありました。本当につらかったです。

でも、人間って可能性の動物じゃないですか。こんなちっぽけな命でも、僕が何かをあきらめれば、その瞬間に可能性はひとつ減る。リベラルのすそ野を広げ、生まれたときの運不運で一生が決まる選択不能社会を終わらせる。どんなに傷ついてもたった1度動かすために語りたおす。そのための学問があってもいいと思うのです。

お前、きれいごと言うなって思いますか？　思われて結構です。学者がきれいごとを言えなくなったら、だれが語れるんですか。考えに考えたからこそ、それを信じて、きれいごとだと言われても語りつづけられる。それが学者です。

僕には残念ながら社会を変える力はありません。でも社会を変えたいと思う人たちに選択肢を示すくらいならできます。その思いがみなさんにも届きますように。どうもありがとうございました。

【ディスカッション――第4講】

村の論理とプラットフォーム

Eさん　いつもですけど、熱のこもったお話をありがとうございました。こういうふうになっていくだろう、なっていかなきゃいけないんだというのが、感覚的に非常によくわかりました。

おっしゃるとおりなんですよね。危機に直面した地域から変化が進んでいるというのはまったく同感なんです。ただ、市町村ごとに見た場合に、井手さんのおっしゃる方向に行ける自治体と、気づけずに破滅する自治体、あるいは最後まで気づかないけど逃げきってしまう自治体みたいに差が出てくるんでしょうね。それこそ市町村の体力の差がもろに出る気がします。

井手　ちょっと水飲んでいいですか……さて（笑）。いまのご質問は、自治体の財政力の差、都市化の差をどう考えるかという問題ですね。これは、ことの良し悪しを超える、かなり広がりのある論点だと思います。

まず、たしかにそうした体力差はあらわれますよね。その点は同意します。くわえて問題提起的に触れておきたいことがあります。それは、じつは、地域おこし、街おこしの成功例を見ていくと、圧倒的に西側に多いっていうことです。つまり、自治体の規模の大小や力の強弱だけでは説明のつかない別の要因もある、ということです。

地域おこしで有名なのは、今日の高知や岡山の西粟倉のほかにも、鹿児島県の柳谷《やねだん》（鹿屋市串良町）、徳島県の神山町、島根県の海士《あま》町、雲南市、鳥取県の智頭町……ずらりと西側に成功例が並ぶのです。

僕らは、街の衰退を食い止めるにはリーダーが必要、金が必要という「要因」を探そうとするじゃないですか。でも、じゃあ、東に人がいて、金があればうまくいくのかというと、僕はそう単純じゃないと思います。要因を見つけるだけではなくて、「要因が機能する条件」を考えなきゃいけない気がするのです。

重要だと感じるのは、よそ者、若者、ばか者なんてキーワードもありますが、歴史的に人の出入りが激しかった地域は、他者を受けいれる寛容さを持っていて、地域の外の資源を上手に取りこんでいることです。

神山町ではお遍路さんがあったから、いろいろな人を受けいれてきた、西粟倉は街道沿いで人が行き来していたという具合にです。海士町のような島地でも、江戸時代から人の出入りがあって、「おもてなしの精神」が根づいていたと言われています。東北のように、歴史的に寒さや地形が人の出入りをさまたげてきた地域との差があると思います。

あるいは、明治の大合併で、周辺の集落と一緒になる経験をしているのか、していないのか、というのも大きいですね。江戸時代には他集落と言えば、別世界に近かったわけで、そうした別世界と新たな関係をつくるという経験をしているか、どうか。

反対に、北陸や近畿地方などのうち、浄土真宗の影響が強いうえ、合併による町村の再編をあまり経験していない地域では、氏神が一緒、農作業も一緒にみたいなガチガチの関係が江戸時代、あるいはそれ以前からずっとつづいてきました。そうなると、よそ者を受けいれるハードルは、グッとあがるはずです。

少なくない地域で、よそ者を受けいれるぐらいだったら滅びたほうがいい、先祖代々の土地も自分の代で終わりだ、なんてことが言われたりもしますよね。最期くらいそっとしておいてくれ、と。東がダメなんだという意味ではまったくありません。むしろ、そうでないからこそ、「要因を機能させる条件」については議論が必要だと感じているのです。

Cさん　私の街はまさにそういうところです。

井手　滅びの美学のようなものでしょうか。

Cさん そうなんですよね。行政も含めて。となりの市までは銀行があるし、県職員が来たりするんです。県職員が来るか来ないかは大きいです。彼らは行政システムや国の制度、補助金なんかを勉強しているけれど、末端の役場になるとそういう関心がうすくて、どっちかと言うと村意識、村のなかの自分という存在になってしまっているように思います。何が何でも、となりきれない。

井手 国の制度に無頓着でも、村の仲間と団結してというのなら、それはそれでひとつのかたちだと思います。悲しいけど、答えのひとつは、滅びたいと言っているのなら滅びてもしかたないというのが民主主義であり、地方自治だということなんですよね。

民主主義というのは自分たちで決めるということですよね。僕たちが権力を持ち、僕たちが物事を決めるというのが民主主義だから、そこで滅びるという決断をするのであればそれはしかたがないわけです。それが自治なんだから。あるいは文句があるなら引っ越せばいいじゃないか、という議論もあるかもしれません。移動の自由論です。

ただ、僕はどうにもそうスッキリ割りきれないのです。

僕の思いを言ってよければ、そういう地域に住んでいたとしても、ベーシックサービスによって、命とくらしのプラットフォームだけはととのえたい。なぜなら、同じ国、同じ社会を生きる仲間だからです。いかなる決定をしようとも、村民、町民であるのと同時に国民、社会の一員です。どこに移動したってこの社会のメンバーなのだから、最後の最後まで人間らしく生きていくための土台はきちんと考えないといけません。

でも、そこからさき、滅びる決断をする人たちがあらわれるとすれば、それはもう止められないと思います。危機がもっと深まれば、また意識は変わっていくかもしれないから、そこに希望をという気持ちもありますが、本当に難しい問題です。

どんな地域でも、くらしていける保障を

Eさん　日本全国が一様であれば、全体的に危機感というのが深まっていくような気がしますが、結局、すたれていく集落から逃げていった人たちは東京に来る気がするんですよね。そうすると、東京はそういう状況になるまでまだ相当かかるし、ひょっとしたらならないかもしれないし、地域の格差というのがかなり進んでいってしまうのかな、と。

井手　でも、さっき話した総務省の「自治体戦略２０４０構想研究会」みたいな、ああいう議論を見ていますと、東京でさえ相当しんどいですよね。単純に介護ひとつとったって急速に高齢化が進んで、老老介護はいいほうで、孤独死なんていう問題が一気に焦点化し

てきますよね。

Eさん　つまり課題はそれぞれにちがうけれども、全体としては「オール・フォー・オール」に向かっていくしかない、ということですか？

井手　僕が「オール・フォー・オール」と同時に「公・共・私のベストミックス」という表現をどうして使ったかというと、何が「ベストミックス」かは誰にもわからないし、地域ごとにものすごいバリエーションを持っていくと思うからです。だから多様性の時代というのは、きれいごとじゃない、本当の意味で多様な時代になってくるのです。

東京都みたいにフィンランド並みの予算を組めるような財力があるのであれば、地方交付税で税収の一部は他の地域に行ってますが、それでも北欧に近い社会をつくることは、当然可能ですよね。税をとって、徹底的に福祉や教育をやりさえすれば。

ただ、そうじゃないところがたくさん出てくるのも事実です。そういう地域は地方交付税をつうじて国が財源の保障をできるかぎりやりながらも、独自の地方税収を増やしたり、地域住民やよそ者も含めて、「共」の主体を活用していくしか方法はないと思います。そういういろんな組みあわせが出てくるということです。

でもね、政府が全体として所得の増大に責任を持つというのは、ムリがあると思うんです。だから、どんな地域に住んでいても、生きていける、くらしていけるための保障を、というのが僕の一番言いたいことです。

Eさん　わかりました。少し、問題がズレるんですが、この間、支えあいの福祉を語ろうという会があったんですよ。社会福祉協議会が主催して市でやったんです。私が住んでいるところには、非常に広い地域にお年寄りがいっぱい住んでいるので、どうやってお年寄りの見守りをしていくかとか、健康を維持していくかという話になるんです。

ところがその場に市の人がいないんですよね。社協はいる。地域包括支援センターの人もいる。でも市の人はいないんです。社協が主催だからと言えばそれまでです。でも、福祉の実践に行政は欠かせないじゃないですか。行政が来てコーディネートして、みんなでやっていかなければいけないはずなのに。「ベストミックス」と井手さんが言うときに、そういう壁みたいなものがあるんじゃないかと感じます。

井手　いい批判です。ありがとうございます。社協は、本来、地域福祉のための事業と同時に、住民の参加をうながし、さらには調査、連絡、調整を行う、とされているわけですから、おっしゃるような連携は絶対必要です。でも、自治体と社協の間に微妙な壁があること、あるいは社協がときに役所以上に役所的になることもそのとおりです。

じつは、地域の実践家と行政のみなさんの出会いの場をつくりたくて、小田原で月一の勉強会をやってるんです。最初の飲み会でした。「社協の人がいないいじゃないか」という話で盛りあがって、お誘いしたら次の回に喜んできてくださったんです。情報が届いていなかった。市から社協、あるいはその逆というネットワークができてなかったのです。

市の福祉担当課の方と、社協の方がようやく一堂に会されたわけですが、「そう言えば、僕たちが一緒に飲むことなんてないですね」という話になったらしくて。これが縁となって、市と社協の歴史的な（？）飲み会が開催されたということでした。

「お、俺つないでる、ソーシャルワーカーみたい」なんて思ったりしましたが（笑）、でもそれくらい、垣根が存在しているということです。その意味で、Eさんもそういうつなぎ役を買ってでるみたいなことがあってもいいかもしれません。

Dさん　最近、自分が大きな活動から都内の区での活動にスタンスを変えたんですけど、いまのお話を聞きながら、変えてよかったなということをつくづく感じていますし、自分のやりたいことが正しかったんだってワクワクしています。

僕は社協とずっと連携してやってきました。いまの区で、社協が毎年1回、大学と連携して「困ったときに助けを求められる地域づくり」をテーマにイベントをやるんです。ただ、たしかに、社協と区とのつながりが全然ないんですよね。

不思議に思って、「何でこんなテーマなのに区の職員さんが全然こないんですか？」という話をしたんです。そしたら接点がない、と。それで区の職員さんに別の機会で会ったときに、「この間こういうイベントをやったんです」と言ったら、「えっ、そうなんですか」と言って、すごい関心を持ってもらえたんです。

社協と区で言えば、子ども家庭支援センターのようなところでは、かなり連携が強まってきています。ジャンルによって温度差があるんですが、全体として見ると、やっぱり自治体と社協の連携は大切な課題だし、そこをつなぐことも自分たちの大事な仕事だと感じています。

Bさん　結局、危機意識をどこまで共有できるかの差じゃないんでしょうか。限界集落まで行ってしまえば、みんなまずいというのがわかっていて、嫌でもやるというのが出てくるっていう面があるじゃないですか。

ただ大きいところはそうはいかないし、でも大きいところも大きいなりに大変だし。地域事情はバリエーションに富み過ぎていて……危機意識を早目に感じとった人たちが集まっても、何かを伝えていくだけでいっぱいいっぱい。井手さんみたいに発信力がある人が音頭を取る小田原は例外なんじゃないでしょうか。

当たり前の権利を堂々と使える社会へ

Cさん 4年ほど前なんですが、子ども食堂をやりたいと思って社協に相談に行ったんですけど、とにかく高齢者福祉のほうで忙しくてそれどころじゃないと言われました。

あと地域性の問題もあるんですよね。ある政治家さんが言ってたんですが、通ってるとわかったら、それこそいじめにあうし、まずこないよと。田舎だから、自分のうちがまずしいとバレると住みづらくなるから、ほとんどタブーのような感じで。子ども食堂は素晴らしい取り組みですが、地域性の問題は必ずネックになると思います。

井手 おっしゃるとおりですよね。まず、地域包括ケアがおりてきて、社協がいっそう忙しくなってる……というか、もう破たんしそうなくらいに大変になっているという問題がありますよね。最近の幼児虐待、児童虐待を受けて、児童相談所もそうだし。

ふたつポイントがあると思うんです。

まず、今日は地方の「革新性」について話したんですが、当然、コミュニティには相互監視というネガティブな問題がつきまといます。あそこにあいつが行ったとわかった瞬間に、一瞬でうわさが広まる、だから子ども食堂があっても行けないというように。

でも、地域の濃淡があることを認めたうえで、それは社会的な問題でもあります。たとえば、日本の障がいの発生率は厚労省の発表によれば7％ですよね。ほかの国に比べて割合が異常に少ないです。遺伝子的に障がいが発生しにくいなんてことはありそうもない。ようは声をあげられないだけですよね。

周囲の目を気にする社会と言いたくなります。でもそうでしょうか。障がい者手帳をもらっていないと障がい者として認識されないという「申請主義」がおかしいとは思いませんか？　サービスの受け手を選別、つまり選んで助けてあげるという仕組みだから、誰だって声をあげにくい。社会全体が制度でそう仕向けられてる面があると思うんです。

ここに「社協や児相の職員が足りない」という問題を重ねてほしいんですよね。僕がたたかれても増税を叫ぶ理由がここにあります。

誰かを選び取るんじゃなくて、サービスを必要とするすべての人を互いに支えあう社会に変える。ソーシャルワーカーの数を増やし、これを社協や児相に配置する。「日本社会って他人の目を気にするよね」じゃなくて、「社会のまなざしを気にせずにすむ社会をめざそう」です。そのためにはお金がいるんです。

Gさん　いまの井手さんのお話、共感します。私の知り合いの生活保護世帯の人、あるいは生活保護は使ってないけど精神疾患のある人たち、特に20代、30代の若い人たちは手帳を取るのをすごくためらうんです。

それを取ることが、それだけで自分の仕事なんかで不利益になるのではないかという不安がありますし、世間の目がどうしても気になりますよね。とても相談に行こうという気にはなれません。手帳をもらうことで、公共のバスとか、博物館が半額になったりしますけれど……。

私自身、生活保護を利用していますから、救済される、助けてもらえるということへの感謝と同時に、果てしない重さ、しんどさを感じています。保護を利用する人たちには必ず理由があります。「理由があって権利なんだから堂々と使えばいいんだよ」と言われるんです。私もそう信じようと思っていますし、申請していいんだ、それは正論でもあるんですが……人ってそんなに強くないんですよね。

井手 そう。「いいんだよ、それで」という言葉が届くのは強い人たちだと思うんです。「これでいいのだ」と腹をくくるのは、勇気のいることです。しかも、弱い人たち、大勢の人たちには、自己責任を果たせないだけの理由がある。それなのに、それを察し、おもんぱかる社会の余裕、ふところの深さみたいなものがなくなりはじめています。

ひとつ頭にきたことを言いますね。2018年1月に難病法が改正されて、4月に施行されたじゃないですか。それまで軽度の難病の人も財政的な支援があったのですが、それが他の医療制度、患者さんと比較したときに不公平だ、なぜ難病だけ軽度の人が医療費の支援を受けられるのだという話になって、これが廃止されたのです。

かわりに対象難病の数を増やしましたという説明に一応なっているのですけれど、300以上ある対象難病を6つ増やすという話なのですね。そのうちの5つは、すでにある難病のうちに統合するというから、新規に増えたのはたった1個なんです。

国会での議論によると、これで15万人の人たちがサービスを受けられなくなるそうです。その数の真偽の問題はありますが、たった1個増やす、そのかわり大勢の人たちがサービスを受けられなくなる、あまりにも不釣りあいな話です。

でも、ちょっと待ってほしいんです。あれこれ理由をつけて、保障を削ろうとするけれど、それ以前の問題として、難病の人たちというのは日々のくらしのなかで、さまざまに悩み、苦しんでいる人たちです。あいつらが得をしているという話のずっと以前に、です。そこへの社会的な気づかいはどこにいったんでしょう。

僕の友人のお子さんが難病なのですが、ある業種でどうしても働きたいと言って、インターンも含めて、ずっとその業界で就活をされていました。ところが、ある大手の会社なのですが、最後まで残ったメンバーのうち、彼女だけが落とされてしまいます。理由は難病だから。体力的に無理だと言うのです。だったら最初に落とせよと思いませんか？　思わせぶりなことをしておいて、最後に落とすということをやるわけです。

それ以来、彼女は自分が難病であることを素直に語るべきか、隠すべきかということでずっと悩んでいました。本当に深く悩んでいました。

僕なんかでもアドバイスを求められることがありましてね。そのときこう言ったんです。「人間には、仕事をやる能力の前に、仕事の愉しさを発見する力があると思うのね。だから、君がどんな仕事に就いても、何をやっても、最後は愉しいと思えるんじゃないかな。たとえ枚数を数えるような単純な仕事だって、そこによろこびや愉しみを見いだしながら頑張っていくのが人間じゃないのかな。でもね、うそをついたとか、隠しごとをしたという心の傷は一生残る。だからそれだけは絶対やるべきじゃないと思うよ」って。

本人は本当に悩んでたそうです。でも、最後の最後に連絡をもらえました。業界最大手の会社に決まったそうです。飛びあがるほどうれしかったです。でも、こういう悩みや苦しみとともにある人たちのつらさとつらさを比較して、こっちがとか、あっちがとかいうのが、本当に正しいのかという疑問はずっと残っています。

全部そうなんです。難病なんて自己責任のかけらもないじゃないですか。生まれてきた本人には何の責任もありません。ふつうだったら真っ先に心を寄せて、思いを分かちあって、声なき声に耳を傾けなければいけない人たちです。それなのに、就職で排除したり、命にかかわる医療の領域で、病と病を比較し、これは「不公平だ」と言ってこの人たちへの支援をなくすみたいなことを平気でやるわけです。まさに「悪平等」です。

さっきのCさんの子ども食堂の話も、国レベルで15万人の人が苦しむという話も地続きなんですよね。日本の文化とか、日本人らしさ、僕たちなりの公平感、そんなもので片づけていい問題じゃないんです。言いだせない人に言っちゃいなって、できずに苦しんでいる人にやればいいじゃんと言うのではなくて、言いださなくても人間らしく生きていける仕組みをつくる、ここに知恵を使わないといけない。だってそれが人間でしょう?

とばっちりでしょうが、右派の人たちにも言いたいですよ。同じ社会を生きる仲間、同胞がこうやって苦しんでるのです。だったら、彼らこそ、同じ社会を生きる仲間を不幸にするな、みなが幸せになるべきだと言うべきです。もし、愛する仲間を守るために戦場で闘うなんてカッコいいこと考えるんだったら、仲間のために税の痛みを分かちあうんだ、自分たちは誇り高き国民だ、仲間は見捨てないと、なんで声をあげないのでしょう。まったく理解できません。

Dさん　さっきの子ども食堂についてお話ししてもいいでしょうか?

井手　どうぞどうぞ。テンションが高すぎましたね。ごめんなさい(笑)。

Dさん　いえ。井手さんと同じことを言いたいんです。

子ども食堂って、まずしい、低所得のご家庭でも、個人的に事情を聞いたりしてきてくださる方がいらっしゃるんですけど、そこはまずしくても親子関係がうまくいっている人たちなんですよね。親御さんの思いがあって、それを子どもに伝えて、双方で子ども食堂という選択をできる、むしろ恵まれた家庭なんです。

本当にきてほしい子と言うと語弊がありますが、きびしい家庭の子、いまの僕の職場にくるような子たちを見てますと、親御さんがそもそも地域に助けを求めないというか、その感覚がはじめからないんですよね。とにかく、ただただ隠していくんです。

そういう家庭は本当に難しいです。民生委員さんでさえ把握できてないかもしれない。行政も把握できていない気がする。だから、子ども食堂は、本当に一般の地域の有志で、できる範囲のことをやっていればいいんだという割りきりが必要だと思います。そのコミュニティがありがたい、助かるという人たちはいるわけですから。

でも本当に大事なのは、そうやって隠そう、隠そうとする人たちが、必死に歯を食いしばって耐えなくていいよう、みんなのくらしを保障することじゃないでしょうか。

鍵を握るソーシャルワーカー

井手　子どもの虐待死の話がありますよね。この話を聞くと、もうね、なんと言うか……悲しいを通りこして、自分の子どもたちの笑顔を見るたびに、うちの子だけ幸せなのはおかしいと、後ろめたい気持ちにさえなるんですよね。

ただ、親へのやり場のない怒りと同時に、子どもに手をあげなければならなかった親の苦しさも痛いほど感じてしまって。家庭問題ではなくて、社会問題だという意識、前回の言葉で言えば、「弱者がさらなる弱者をしいたげる社会」を終わらせなきゃという思いを新たにします。

Dさん　虐待問題は、児童相談所の権限、所長の権限として最終的には踏みこめるんですよ。なかに立ち入るという権限はあるんです。でも、そこまでの手続きがすごく長くて、大変なんですよね。最終的には裁判所に許可を取らないといけない。

警察との連携ということを言ってる若手の活動家がいましたけど、ほかのストーカー事件などを見てもわかるように、警察は事が起きないと踏みこめないんです。

もちろん、ルールのなかで同行援助はできるので、現場まではきてくれます。でも、親はその場でとりつくろうだけですし、現場で親が子どもにナイフを突きつけたとか、暴れたとか、そうでもならない限り、警察の介入はできません。だから、現場目線で見ると、警察の人がきても現場は変わらないんです。

もちろん、情報を共有する人が一人でも増えるのはいいことですし、警察も知って、全体的にスピード感が出るのはウェルカムです。そういう意味では、もちろん連携したほうがいいんですが、警察が同行すれば解決するという話とは、全然、意味がちがうということだけはハッキリ言っておきたいです。

Gさん 法律家の人たちもみな、そこは慎重なご意見ですよね。でも、どうしてそうなるんでしょうね。いまの児相は、人手も、お金も、時間も、何もかもが足りないから、いくら権限があろうが、やりたくてもできない状態におられるんだと思います。

そもそもの、基礎的なものがいま崩れていて、成りたっていない状態です。なのに、いまいるお巡りさんを同行させればすむというのは、あまりにも単純です。

井手 重要なご指摘です。そう、あまりに単純なんですよね。あまりにも。

いま、「子ども家庭福祉士」の国家資格を創設すべきだという議論が出ていますよね。社会福祉士、精神保健福祉士がありますが、さらに資格をつくろうというわけです。本当にどうしてこういう議論になるのか。付け焼き刃にもほどがあります。

海外を見たとき、ソーシャルワーカーというくくりはありますが、日本のように医療ソーシャルワーカー、コミュニティソーシャルワーカー、スクールソーシャルワーカーと、どんどんソーシャルワーカーが細分化していくのはいくらなんでもおかしいです。

ソーシャルワーカーって、利用者の困りごと、生きづらさをなくすために、その利用者のおかれた環境すら変えていこうとする人たちです。

ただ、その困りごと、生きづらさがあまりにも多様だから、ソーシャルワーカーどうしの連携が欠かせなくなります。連携のためには、共通の知的、専門的基盤が絶対に欠かせない。だから、カリキュラムを変えたり、資格を統合したりして、ソーシャルワーカーをひとつの方向に収れんさせていくのがまず基本です。そのうえで、それぞれの専門性を研ぎ澄ましていくのでなきゃおかしい。

それなのに、日本では、数え切れないような「各ソーシャルワーカー」が誕生しはじめていて、しかもそれぞれが専門性、個別性を持っているものだから、自分のせまい専門的知性だけでなんとかしようと利用者と向きあうことになってしまう。

僕の友人であおいけあ代表の加藤忠相さんは、ソーシャルワーカーの分断化・断片化が著しいことを怒って、医療しかわからない、学校のことしかわからない、地域しかわからからない、それがソーシャルワーカーなら、そんな職種はいらないと言いきりました。まったく賛成です（『ソーシャルワーカー――「身近」を革命する人たち』）。

思いだすことがあります。僕が過労で倒れて、脳内出血で死にかけたとき、恩師の神野直彦先生に怒られたんですよね。人間とは総合的な生き物だ、なのに君は仕事にあまりに没頭しすぎて、人間としてのもっとも基本を見失っている、と。

猛省しました。そして思ったんです。人間が総合的である以上、一部の誰かが人を幸せにできるはずがない。いろんなソーシャルワーカーが連携して、行政や社協とも連携して、知恵を出しあい、資源と資源と切りむすんだ総動員体制でなければ、困りごとなんてなくならない、と。

人間を単純化しないでほしい。それは人間に対する冒瀆でしかありません。人間の多様性を尊び、己の無力さを知るからこそ、ソーシャルワーカーという「共通の基盤」を整備し、そのうえに多様な専門家のネットワークを打ちたてるべきです。バックアップするほうも、されるほうも人間。人間は一人で生きていけるほど強くないんだから。

だからこそ、みんなで痛みを分かちあい、ソーシャルワーカーを増やすべきだ、僕はそう考えています。だからこそ、自治労や全国市長会が財源論と向きあったという現実に深く感動しているんです。

Bさん　スクールソーシャルワーカーとは言いますが、何も解決にならないという気がしています。うちの子どもが通っていたクラスに課題を抱えこんだ子がたくさん出てしまって、専門の職員の方に相談に行くんですけど、話を聞くだけなんですよね。

さらに相談をつづければ、プランを提示してはくださるけれども、積極的にどうにかよくしたいと思う親御さんであれば積極的にそのコースに乗るけど、いや、うちはそんなことはありませんとなった時点で、その人は何もできないですよね。

専門家の力不足だと言いたいんではないんです。そもそも需要に対して、供給が追いついていないんだと思います。だから結局は財源問題なんだと私も思います。

井手　子どもの問題の背後には、いろんな要因がありますよね。障がいをもったお子さん、経済的な問題、親のネグレクトや暴力、さまざまな理由があって、また、経済問題だ、ネグレクトだと言っても、そこにいたる道は数え切れないほどたくさんある。ということは、問題を解きほぐして、一つひとつを解決してくためのきめこまかい支援がなければ、結局、子どもたちは永遠に救われません。

では誰がやるのか。お金が足りない、人繰りがつかない、そんな状況のなかで、みんないま、お見あい状態になっていますよね。

現場のほとんどの人たちが問題があることには気づいています。だけど、いくら行政に効率的にやれ、もっと働けと言ったところで、限界があります。前回も言いましたが、日本の行政はきわめて小さく、もう十分効率的です。そうでなくて、お金がなければ回らないところにきている、だからどうするんだという話なんです。

そうなのですが……日本で税を語る人たちって、みんな財政再建とからめて語るからよくないんですよね。財務省から好かれずに税を語っている人って、もしかしたら僕たち神野門下くらいじゃないかと思ったりします。異端であることは僕たちの誇りですが。

Dさん 目黒の女児虐待死の問題がありましたよね。あれも協議する直前だったらしいんですよ。前の月に一度訪問していて、これからというところで事件が起きた。1カ月近くたってしまうわけです。この1カ月という数字の重さをどれくらいの人がわかっているのでしょうか。

責任の境界線が見つけにくい

井手 小田原市の生活保護ジャンパー問題をやっていたときの話です。生活保護の決定は原則14日以内という規定があるんです。保護を認める、認めないというのを14日以内で決めなければいけないんです。ただ、ルール上、30日までは延びてもいいし、かなりの部分がこちらだった。そうした運用が問題となったんです。これは小田原だけでなく、全国で起きている問題です。

生活保護を求めている人たちは、悩みに悩んで、今日生きるか、死ぬかというところでふんばっているのに、もう16日待てと言われるのは大変な苦痛ですよね。僕らがそのとき議論したのは、認めてしまえばいいじゃないか、まちがってたのなら取り消せばいいのだから、そう言ったのです。物事には緊迫性があるんだから、ギリギリまで悩んできた人たちなんだから、と。

ちなみに、市長さんの決断もあって、生活保護担当課の定員が増やされました。そして、ほとんどの決定が14日で行われるようになりました。基礎自治体の人を増やすって、本当に大事だと思います。人間の生き死にに直結するのですから。

余談ですが、ヨーロッパでは女性の公務員をうんと増やしましたね。そうすると、公務員は安定しているからこそ、男性が失業しても女性の収入で食っていけるという意味でセーフティネットになった。日本は公務員が多すぎると批判する人が多いけど、子どもに就かせたい職業の一位は公務員というデータがありました。ねじれてます。

Cさん 行政って法というルールにもとづいて動く、よくも悪くもそういうものですよね。法律という観点で言うと、民法のなかで親権が強過ぎるという問題があります。これと虐待にも関係がありそうです。

本質的には100年ほとんど変わっていない民法ですから、時代に全然あわなくて。親権の条文を見ると、しつけの一環として懲罰をくわえていいことになってます。見てびっくりしました。

しつけと言えばご飯を食べさせなくていい、つまり、ネグレクトをしてもいい。しつけの一環だと言えば、反省するまで家の外へ出しても、殴ってもいいわけです。解釈の余地が大きいというか、広くとらえられてしまう法律になってしまっているんです。

人の意識というのは法に反映され、また法が人に反映されている面がありますよね。懲罰権をいまだに親に認めているというのは、日本のすごく古い、子どもは親のもの、だから親の面倒を見るのも当たり前という意識とつながってないでしょうか。反対に、法に書かれているから、世の中もそれはしかたないよねってなってないでしょうか。行政の職員さんも、それに似たがんじがらめのなかで動けないのかなと思います。

井手 なるほど。そう言われると身につまされる話があります。

ある日、授業中に連れあいが電話をかけてきたんです。何があったのかとヒヤヒヤして授業後に電話したら、「今日うっかり寝ちゃった」って言うんです。はぁ？　と思いました。そんなことで電話するなよ、って。

でもよく聞いてみると、寝ているあいだに下の2歳半だった子が外に出てしまったんだそうです。鍵はしてたのですが、自分で開けちゃったんですね。雨が降っているのに外に出てしまったものだから、通りがかりの人が子どもをうちに連れてきてくださったんです。チャイムが鳴って、目が覚めてビックリ、ゾッとしたという話でした。

すごく本人は落ちこんでいました。僕もめっちゃ心配して電話したので、ちゃんとしなきゃダメじゃんって、ちょっとイラっとして言いました。でもね、あとになって考えてみると、いろいろと複雑な話だと思ったんです。

まず、連れあいが落ちこんだ理由の半分、僕が「ちゃんとしなよ」と言った気持ちの半分は、たぶん、親としての責任を果たしていないのがバレて恥ずかしいという意識じゃないかと思うんです。それは子どもの身の安全と同時に、自分たちの社会的体裁を気にして落ちこんだり、注意したりしていたということですよね。子どもの幸せだけでなく、やはりそれを管理する側のタテマエ、外面というか、自己愛が入りこんでる。

じゃあどうすればいいんでしょう。人間、疲れて寝ることぐらいありますよね。玄関の鍵を締めていても、相手はこちらが思うよりも賢かったわけです。となると、ずっと寝ないで見ているか、人を雇うかのどちらかですよね。そこまで求められるのは果たしてどうなんだ、どこまでが自己責任なんだという話、これがもう半分です。

親と子どもの関係は歴史を超えた普遍的なものじゃなくて、その時代、時代にあったかたちがあるはずですよね。そのかたちに法律が対応できない。行政が対応できない。僕たちの心も追いつかない。でも状況は予断を許しません。

おまけに、税の問題、つまりパイを増やすのは政治家の仕事で、行政は与えられた財源のなかでやりくりするのが仕事。どんなにつらくても、お金ちょうだいとは言えない人たちです。税がタブーの政治家とやりくりが使命の行政。これら全部がひとつになって、なかなか社会の身動きが取れない状況が生まれています。

Bさん 認知症の人が行方不明になった、その人が電車にひかれた、それは、家族がちゃんと見ていなかったせいだ、という裁判がありましたよね。どこまでが家族の責任なのかという問題と同時に、子どもというのは親の所有物、親の面倒を見るのは子の責任という風潮があって、それは民法の規定でもあるということですよね。

Cさん 結局その裁判も、家族が見守りの義務を果たさなかったということで、賠償命令が出ましたよね。これも井手さんのお連れあいさんと同じ状況だったわけです。とにかく昼夜を問わずに外に出るものだから、見ている家族も体力の限界で、ちょっと寝てしまった。感情的にはきびしすぎるけれど、民法的にはそうなんだということでしょう。

井手　僕たちは運よく子どもが事故に巻きこまれなかった、それだけですよね。

あと、子は親の所有物という点も本当に身につまされる話です。

子どもがテニスを習ってるんですけど、この前、ちっとも上手くならないもんだから怒っちゃったんですよね。もっとちゃんとやれよって。

でもこれもおかしな話ですよね。だって、上手くなるかどうかじゃなくて、本人が愉しんでるかどうかが一番大事な話じゃないですか。僕のなかに「習わせるからにはこうなってほしい」みたいな「なって欲しい子ども像」があって、そこから逸れたからと怒った。こんなの教育でもなんでもないな、って非常に反省しました。

でも、これは僕の問題であり、社会の問題でもある気がします。ここまではできるから子どもに任せる、それができなかったときに親が引き取る。自分の子ども像と子どものやりたいことはズレている、だから親がここまでは引き取るけれど、あとは子どもの自由にやらせる。

あるいは、ここまでは個人ができる、でもそこから先は個人にはできないから社会全体で支えあう、第1講で話した問題もこの延長線上にあります。この線引きが僕たちは本当に下手だと思います。僕自身も、社会全体も、です。

どうしても、子どもに任せる領域が小さすぎて親の「過介入」になったり、個人でやるべき領域が広すぎて「自己責任」になったりしがちではないでしょうか。

子どもに介入しすぎると、子どもの失敗は自分の失敗になりますよね。だから本当に手取り足取り教えて、失敗しないようにリスクフリーにしたくなります。でも、手をかけた分、かわりにその見返りを求めてしまって、親の老後の世話まで子どもにさせてしまう、当然視されてしまう、そんなネガティブな循環が片方にあります。

もう片方で、いろんなことを全部自分でやって、人に頼るのは恥ずかしいことだと自分をしばって、線をどんどん向こう側に引いていく世界がある。自分にかかる負荷がどんどん大きくなってきてしんどいもんだから、公的な制度であれ支援であれ、他者に頼ってい る人たちが許せなくなる。私も頑張ってるんだから、あなたもがまんしなさいという「がまん競争」がはじまって、自己責任、自助努力の大合唱になる、そんな循環があるような気がします。でも、後者の循環は、前者の循環に支えられていますから、さきの民法の話も容易には解消されないのかもしれません。

Eさん いま『児童虐待から考える』(朝日新書)という本を読んでいます。そのなかに、父子家庭になってしまったお父さんの話が出てきます。自分が何とかしなければいけないという責任感と、子どもに少しでもいいくらしをという思いのあいだで、昼夜を問わず働いていたんですが、結局、子どもを家に閉じこめておくことしかできなくて、そのまま衰弱死させてしまったという悲しい話です。

児相は何とかできなかったのかという話に当然なりますよね。児相のほうでも、何となくこれは怪しいというところはわかってたんだけれども、それ以上踏みこめなかった。おそらくこういう事例は、いまこの瞬間にも、山ほどあると思うんです。

結果として亡くなってしまったから、何とかできなかったのかという話になりますが、それが本当に「わかりやすいシグナル」をまわりに発していたのかというと、それはそんなことはないのでは、と思います。

私が家にいても、休みの日などにいると、となりの家から怒鳴り声が聞こえてきます。毎日、通勤の途中で小さな子の手を引っ張りながら連れていき、子どもを置き去りにするかのように保育所に置いていくお母さんもいます。ひょっとしたら、そういう事例の延長線上に事件が待っているのかもしれませんが、それがシグナルなのかどうか、専門家でも、まわりにいる人でも、なかなかわかりません。

最後にその監視の責任が行政にくるわけですが、どこまで行政が丁寧にケアしていけるのか、あるいは守っていけるのか、本当に難しいです。親としては当然、自分の子どもを大切にしているんだけれども、そうじゃないと児相が決めつけて二人をひき離してしまう失敗の事例も現実にはあると思うんですよ。

いま感じているのは、井手さんが前回話してくださった視点です。

お母さんが働いていて、お父さんも働いている。あるいは、お母さんであれ、お父さんであれ、一人で子どもを見ている。祖父母も一緒にいない。いろんな家庭環境のなかで、ストレスがどんどんたまっていって、子どもに手をあげざるをえない、大きな声をあげざるをえないような状況が生まれているんじゃないでしょうか。

その根幹にあるのは、社会の構図としてみんなが働くようになってしまったということ。しかも頑張っても、頑張っても、将来不安が待ち受けているし、責任を果たさなければ果たさないで、社会的に見下される、もうムリという話が、一気にしわ寄せのように家庭に集中していると思うんです。でも、社会を変えるには、政治は無力すぎます。

税こそ連帯の象徴

井手 政治の無力さですか。きついですね。それは僕には自分の無力さでもあります。

「オール・フォー・オール」を提案したはいいですが、当の民進党は二つ、無所属も入れれば三つに引き裂かれてしまいました。義理からしても、どれかひとつを応援するわけにはいきません。だから僕は政治の議論から身を引く決断をしました。自民党からのアプローチもありましたが……。

ネーミングにこだわりはありません。引き裂かれた人たちがもとの党の議論に乗るのも難しいでしょう。ですから、僕とはちがうどなたかがあらわれて、新しい政策をつくってくださって全然いいと思います。僕は自分の生き残りには関心ありませんから。

ただ、僕たちの社会がいまどんな状況にあるのか、そしてその社会をどうよくするのか、その議論をしていくうえで、財源論から目を背けるのだけは無責任だと思います。ここが当選してなんぼという、政治の無力さを感じる最大の点です。

僕の議論は、税をとる話であるのと同時に、そのお金を使って、どんな社会をつくろうかという話じゃないですか。今日議論になった社協、児相、ソーシャルワーカー、ようするにお金がないから人が追いつかないと言っているわけですよね。それをちゃんとしましょうという議論をしないのは無責任だと思います。

この点、最近MMTを使った議論が左派から出てきてるじゃないですか。わかりやすく言えば、借金をして、あるいは通貨を増発して金をバラまけと言う人たちが増えているわけです。さらに消費税凍結論、減税論、そして廃止論さえも出てきたわけです。

でもね、こういう議論を聞いていると本当に悲しくなるんです。

まず日本経済が金をバラまけば成長すると考えているとしたらそれは幻想です。1990年代に僕たちは散々財政支出を増やしましたし、2001年以降は量的緩和、量的・質的緩和によって空前の規模でお金を供給しましたが、70年代、80年代の半分以下の経済成長率しか実現できませんでした。

それではまだ足りないということでしょうか。論理的には人の所得を倍にすれば消費が増えるということでしょうが、そのときには物価も信じられないくらいあがっています。実質消費が増えるかどうかは誰にもわかりません。

MMTをまじめに考えている人たちは、ある時期からは増税が必要になることを認めています。でも、大規模な財政支出をやって、すごいインフレが起きて、大増税をやってという社会がいまよりよい社会になっているというのは、何が根拠なのでしょうか。結局、増税の先送り、目の前の選挙に勝つための方便なのではないでしょうか。

ヨーロッパを見てください。ユーロを導入した国々は、金融政策の権限を手放し、欧州中央銀行にそれをゆだねました。だけど、税を集める徴税権は決して手放そうとはしません。少し難しい言いかたをすると、通貨高権は手放したが、租税高権は手放さなかったということです。ここに問題の核心があります。

税を集めるという国家の権限がなぜそれほど大事なのでしょう。それは、よその国民のために自分の払った税が使われることは、絶対に同意できないからです。税とは歴史的産物であり、連帯の象徴なんです。知らない人でも、同じ国を生きる仲間だから税を払う。この権限を手放し、自分の払う税が他国民のために使われるなど論外なのです。

税金が連帯の象徴ということは、裏をかえせば、税を拒む社会は引き裂かれた社会だということです。このような社会をどうするのか、これこそが政治に問われていると僕は思います。僕が税を使った仕組みを訴えるのも、仲間と痛みを分かちあいながら、仲間の幸福を考える社会をめざしたいから。そんな社会を子どもたちに残したいからです。

別にMMTという「理論」を否定する気はありません。経済学的には傍流の議論ではありますが、その正誤は学者が引き取って議論すればいいのですから。でも、それに安易に飛びついて、バラマキを正当化しようとする人たちの哲学は問いたい。財政を変えて、どんな社会をめざしたいのか、そのすがた、ビジョンがまったく見えないのですから。

もう一度言います。これは理論的な正誤の問題じゃない。哲学の欠落の問題です。社会像なんてどうでもいいのだ、いまいる困っている人を救えばなんでもいいのだ、そう議論する人たちがいます。ポピュリズムで何が悪いという人もいます。

いいでしょう。では、金持ちをたたく、あるいは借金して金をバラまけば幸せになるのが人間か。痛みを分かちあい、すべての人の幸福を追求するために知恵を使うのが人間か。どちらなのでしょう。もし前者だとするならば、それは人間へのリスペクトがまったく欠けた議論です。そのような人たちの弱者への「配慮」とはいったい何なのでしょう。

Eさん　将来不安がなくなって、命とくらしの保障が行きわたれば、いろいろな問題が解決するんだろうというのは本当によくわかります。あとは井手さんの言う「説得のロジック」がどうすれば広がっていくかでしょうね。

井手　僕はリベラルです。ただそれは、僕がリベラルと呼ばれる人たちと同じことを言っているからではありません。今日よりちょっとでも素晴らしい明日を夢見る人間の自由を僕なりに突きつめて考え、発言してきたからです。そして、人間の自由の条件を考える僕たちの思想は、すべての人たちの苦しみと人間の未来に通じていると信じています。

そう。僕たち新しいリベラルの論点はただひとつ、「自由」を声高にさけぶことでも、「一部の人たちの自由」を求めることでもなく、「すべての人間の自由の条件」を語りあうことです。今回、多忙かつ遠く離れた場所に住んでいるみなさんにお願いをして、こういう機会をつくっていただいたのも、そんな思いを少しでもかたちにしたかったからです。僕なんかの話に長時間付きあってくださって、本当にありがとうございました。

いま僕は、希望の発するぬくもりと、わずかなこそばゆさを感じています。私の、ではなく、私たちの未来を案じ、よりよい明日のためにどうすべきかを考える人たちがいることを知ったからです。きっと、右にも、左にも、低所得層にも、財界にも、みなさんのような人たちがたくさんいるのでしょうね。そんな人たちとの「出会いなおし」がこれからの僕の一生がかりの宿題です。

この対話のなかでもいろんな批判や疑問をいただきました。宿題が大変で気は重たいですが、情熱さえ失わなければ、互いが理解しあう場所はつくれるんだということを教わりました。こんな機会をもっと増やせたら最高です。なりたい自分を夢見て、なりたい自分のように生きられる、そんなふつうの社会をめざすみなさんとともに。

おわりに

お世話になっている同僚の先生に家族の不幸を伝えたときのことだ。先生から「井手さんにあるのは強固な人間中心主義ですね」と言われた。

むろん、先生がおっしゃったのは、自然や環境よりも人間の存在をうえに見る、悪しき人間中心主義ではない。あらゆるものごとの解決方法を、人間という目線、誰かではなく、すべての人たちという目線でつかまえる、僕の生きかたをさしてくださっていた。

僕の「人間中心主義」はみなさんにどんな響きかたをしたのだろう。それは、僕の学びと同時に、まわりの人たちに育まれたものだった。家族や紀ノ川の仲間たち、みんな、それぞれに「ちがい」をかかえていたけれど、みんなたったひとつ、「英ちゃんの幸せ」を願ってくれていた。そんな僕の記憶が僕の主張のずっと奥のほうにある。

僕は家族やコミュニティを愛する風変わりなリベラルだ。世に言うリベラルとはだいぶちがうし、「お前はリベラルじゃない」と怒られることさえある。でも、僕は自分の生いたちに誇りを持っているし、生きかたや意識の成りたちを変えてまで、既存のリベラルの「型」に自分をはめこもうとは思わない。そういう跳ねっかえりのようなリベラルだ。

僕は幸せだったと思う。なぜなら命を祝福されて大きくなれたからだ。もちろん、それは僕の特権ではない。すべての子どもたちもまた、まわりの人たちから命を祝福される権利を持って生まれてくる。いまを生きるみなさんだって、もちろんそうだ。

人びとから忌み嫌われてはいるけれど、僕はこの権利を保障するための「痛みの分かちあい」こそが「税」だと思ってきた。日本の左派やリベラルは富裕層や大企業への課税を訴え、まずしい人たちへの分配を正義だと語ってきた。でも、僕はその主張にさまざまな角度から疑問を投げかけてきた。あの悪評高い消費税の重要性を説き、それをあえてまん真んなかにすえて、日本社会の将来像を説いてきた。

誰だって批判されるのはつらい。僕だってつらい。でも、仲間たちからどんなに批判されても、僕は消費税もふくめた税の大切さ、まずしい人に限定しない幅広い人たちへの給付をこれからも語っていくだろう。それは、学者としての信念からというより、僕という存在をつくりだした人たちの思いや教えが僕をそう導いているからなんだと思う。

この思いがどのくらい本書にゆきとどき、どれくらい読者のみなさんに響いたのか。僕はまさにいま、合格発表を待つ受験生のような気持ちでいる。

最後は希望を語りなさい——これは、恩師である神野直彦先生の教えだ。家族の不幸話からはじまった本書だが、最後はこの教えにしたがって、希望を語ってむすびとしたい。

運命はときに大きないたずらをする。僕たちは、愛する母と叔母の事故死に少しさきだって、新たな命、四つめの命を授かった。日本をはなれていたこともあったし、いわゆる高齢出産に属する連れあい、智絵の体調の問題もあった。だから僕たちは、しばらくは誰にも知らせずにおこうね、と話していた。

だが、奇跡は、自然に、あまりにも自然に起きる。

ある日のことだ。乾燥しがちなサンタバーバラにはめずらしく、まとまった雨がふり、夕ぐれの空に大きな虹がかかった。しかもそれは、二本の美しい虹だった。

異国の地にあったし、母と叔母の健康状態を気にかけていたこともあったのだろう。僕はなんとなく故郷への架け橋を見たような錯覚におそわれた。すぐさま智絵と相談をし、その日の夜、母と叔母に電話であらたな命を授かったことを伝えることにした。

貫太郎、愉咲、文愉、三人の子どもたちがかわるがわる他愛もないあいさつをしたあと、僕から母に新たな命が宿されたことを伝えた。

病で言葉の出なくなっていた母だったが、知らせを聞くなり、「あー」と10秒くらい絶叫した。まさに絶叫だった。おどろいた姉は何事かと受話器を取ろうとした。だが母はその手を振りはらい、受話器をかたくにぎりしめ、ふたたびゆっくり、ゆっくり僕にこう言った。

「う・・・・れ・・・・・し・・・・・・」

母の言葉を聞いたのは何年ぶりだっただろう。生涯独身をつらぬいた叔母も「よかったやんね、よかったやんね」と心から喜んでくれた。

猛火が二人の命をうばいさったのは、それからわずか三日後のことだった。生前の二人に新たな命の訪れを伝えられたこと。それは僕たちにとって大きな救いだった。

愛するものの死、愛すべきものの誕生。それが偶然であれ、必然であれ、どちらでもかまわない。僕にとって大切なのは、まさにいま自分が直面しているように、喜びと悲しみ、希望と絶望、対立すべきことがらがみごとに調和しながら、命と命の無限の連鎖が繰りかえされてきた、というこの事実だ。

無限に繰りかえされてきた命の連鎖の到達点、それが僕の命であり、あなたの命だ。そして、それらの命には、すべてのはじまりのときから、いまこの瞬間へと流れこむ、数えきれない人たちの喜びと悲しみとが刻みこまれている。

みなさんは、この当たり前の事実に共感してくださるだろうか。もしそうであれば、きっとわかってもらえると思う。ムダにされてよい、ぞんざいにあつかわれてよい命などあるはずがない、そのような命はこの地球上にひとつも存在しない、ということを。

命の大切さは、所得、性別、年齢、障がいの有無とは何の関係もない。だからこそ、すべての命は、全身全霊で、あらゆる尊敬とともに等しく取りあつかわれなければならない。だからこそ、僕は繰りかえし訴えるのだ。どこかの誰かではない。すべての人たちの命とくらしを徹底的に保障しなければならない、と。


僕は47歳だ。人生の終わりが見えないわけではないが、いまもなお、命は永遠とも言うべきかがやきを放っている。しかし、そんな何よりも大事な自分の一生でさえ、無限につづく命の連鎖のまえでは「一瞬の物語」でしかないと知らされる。

このみじかい物語には、たくさんの登場人物がいる。そして、その登場人物たちは、僕の知らない誰かとどこかでつながっている。このつながりを僕たちは「社会」とよぶ。

日々のくらしのそのさきで、この社会の物語、みんなの物語は、毎日、少しずつ、書きかえられている。僕はこの社会を生きる仲間たち全員とともに「よりよいみんなの物語」を書き、それを後世の子どもたちに読み聞かせたいと思っている。

ただし、僕にはあなたの物語を書きかえることはできない。かろうじてできるのは、一つひとつの物語が「他者との幸福なつながり」のなかで描かれることを願いながら、命とくらしを支える財政の新しい可能性を語ることぐらいだ。

「偉い人」ではなく「立派な人」に育てよう——母と叔母はそう誓いあったのだった。僕はその期待にこたえられていないし、たぶんこれからもムリだと思う。だが、「幸福なつながり」の可能性を追い求め、みんなと語りあう努力を惜しまなければ、わずかではあっても、二人の願いに近づけるような気がしている。

死を悲しい終わりから希望のはじまりにつむぎなおす、それが、長い苦境のなかで、人間らしく生きることの価値を教えてくれた二人への僕からの恩返しだ。そして、この学びをみなさんに伝えることで、二人が僕を生み、育てたこと、そして僕がいまこうして生きていることの意味を、少しでも感じてみたいと思っている。

あの世で再会を果たしたとき、僕は二人にこう言える人間でありたい。

「思ったよりよか息子やったろうが、お母さんと叔母さまのおかげばい」

井手英策

2019年10月

【著者紹介】

井手英策（いで　えいさく）

1972年生まれ。東京大学大学院経済学研究科博士課程修了。日本銀行金融研究所、東北学院大学、横浜国立大学を経て、現在、慶應義塾大学経済学部教授。専門は財政社会学。総務省、全国知事会、全国市長会、日本医師会、連合総研等の各種委員のほか、小田原市生活保護行政のあり方検討会座長、朝日新聞論壇委員、毎日新聞時論フォーラム委員なども歴任。著書に『幸福の増税論　財政はだれのために』（岩波書店）、『富山は日本のスウェーデン　変革する保守王国の謎を解く』（集英社）、『18歳からの格差論』（東洋経済新報社）ほか多数。2015年度大佛次郎論壇賞、2016年度慶應義塾賞を受賞。

いまこそ税と社会保障の話をしよう！

2019年12月19日発行

著　者――井手英策
発行者――駒橋憲一
発行所――東洋経済新報社
〒103-8345　東京都中央区日本橋本石町 1-2-1
電話＝東洋経済コールセンター　03(6386)1040
https://toyokeizai.net/

装　丁…………秦　浩司
ＤＴＰ…………朝日メディアインターナショナル
印　刷…………東港出版印刷
製　本…………積信堂
編集協力………石井麻美／伊崎由維子／伊藤由宏／斎藤貴子／
櫻井　卓／鶴幸一郎／橋本真希子
編集担当………岡田光司

　ISBN 978-4-492-70151-5